教育的真谛，是让孩子学会思维

江晓明 ／ 主编

中国出版集团 现代出版社

图书在版编目(CIP)数据

教育的真谛，是让孩子学会思维 / 江晓明主编. —
北京：现代出版社，2020.9

ISBN 978-7-5143-8875-6

Ⅰ.①教… Ⅱ.①江… Ⅲ.①语文课—教学研究—中
小学 Ⅳ.①G633.302

中国版本图书馆CIP数据核字（2020）第184338号

教育的真谛，是让孩子学会思维

作　　者	江晓明
责任编辑	张　璐
出版发行	现代出版社
地　　址	北京市安定门外安华里504号
邮政编码	100011
电　　话	010-64267325　64245264
网　　址	www.1980xd.com
电子邮箱	xiandai@cnpitc.com.cn
印　　制	北京政采印刷服务有限公司
开　　本	710mm×1000mm 1/16
印　　张	11.5
字　　数	207千
版　　次	2022年6月第1版　　2022年6月第1次印刷
书　　号	ISBN 978-7-5143-8875-6
定　　价	45.00元

编 委 会

思维是智力的核心，是人脑对外界客观事物概括的、间接的反映。培养学生的思维能力，让学生学会思维，是信息时代对学校教育提出的新要求。

随着教改的不断深入发展，人们对语文教学中良好思维品质、思维方法的训练、培养也越来越重视。事实上，许多教师已在自己的课堂教学中对思维训练做了一些积极有益的探索，如开发学生的思维创新能力，启发学生内在的学习动力，点燃灵感的火花，开启学生积极思维的大门，进而培养他们养成良好的思维习惯等，极大地丰富了语文思维训练的方法。但是，由于长期受"填鸭式""满堂灌"的教学方法和以升学为唯一目的的教育思想的影响，许多教师在思维训练中常常明显地表现出种种不良状况，教学片面、简单、肤浅、散乱。有时只单一地进行一些启发训练，而没有把思维训练与思维的主体（学生）及其他综合因素相结合，只重"教"而不重"学"，以致学生的思维不论是在深刻性、严密性还是在独创性、广阔性方面，都显现出一种相当混沌的状态，存在着不少欠缺。

虽然我们在语文教学中进行思维训练，学生掌握了一定的思维方法，在具体学习情境中分析问题、解决问题的能力有了很大的提高，但是仍然时常处于一种自发状态或被动接受的状态，就像"熟读唐诗三百首，不会作诗也会吟"，练习得多了才掌握一定的知识，他们对挤在脑子里的知识不会灵活地借助思维能力进行创造性的调配、组织和运用，而只是处于一种经验型、模仿型水平，所以常常表现出思维不敏锐、观察不细致、独立分析能力差，如在写文章时审题不当、层次不清、内容贫乏，缺乏丰富的想象力和逻辑思维能力。这些现象的存在，与我们思维训练的现状是息息相关的。如果我们长期无视这些现状的存在而不加以改进，那么它终将进一步助长学生投机取巧、懒于思维的消极心理，而养成被动做题的不良习惯，也终将进一步影响学生思维的独立性和完整性，影响思维重点的突出和难点的突破，阻碍知识向能力的转化。所以，我们一定要改进思维训练的现状，使之优化，以适应学生的发展。

鉴于此，为了更好地、科学地发展学生的思维能力，笔者就小学语文思维训练做一番深层次、广范围的审视，成立团队撰写《教育的真谛，是让孩子学会思维》一书。

本书力求探寻让孩子学会学习、学会思维的教育的真谛，是迅速改善和提高学生语文思维能力的实用法宝，书中为如何提升学生的语文思维能力，如何在语文课堂教学中让学生思维更超群，学习更轻松、更成功、更容易提供了有效的策略。

本书内容丰富、案例精彩、方法科学有效，并结合大量的实用技巧，不仅可以帮助每一位教师运用有效的策略发展学生的深度思维，而且对于激发学生的创造力和想象力具有极大的帮助。

目 录

第一章
思维概述

　　人的思维是人脑对外界客观事物概括的、间接的反映。思维与感知觉的共同之处在于它们都是人脑对客观现实的反映。但它们的差异在于：感觉和知觉是当事物的个别属性或具体事物及外部联系直接作用于感觉器官时，人脑的反映过程，是对客观事物的直接反映，它们属于认识的低级阶段；而思维是人脑对感知觉所提供的材料进行"去粗取精，去伪存真；由此及彼，由表及里"的加工，对事物的本质属性，即内部规律性的反映过程，是人脑对客观事物概括的、间接的反映，它属于认识的高级阶段。就如"月晕而知有风，础润而知有雨"，思维的概括性表现为思维反映的是一类事物所具有的共性，反映的是事物之间普遍的、必然的联系。

第一节　思维的困惑

一、当前小学课堂中存在的问题

当前小学课堂中存在的问题相对较多，如：部分教师的教学观念仍比较落后，虽然有许多90后已经走上教师的工作岗位，为教育事业注入了新鲜血液，课堂教学也有了一定的改变。但是，从教师整体的情况来讲，部分教师在实际教学中还沿袭着传统的教学模式，这对学生的学习思维造成了影响。小学时期是学生基础知识形成的关键时期，语文学习对学生日后的学习和生活有着较大的影响。小学语文教学不仅要让学生接受一些课本知识，还要注意激活学生的课堂思维，培养他们正确的价值观。但是在实际的语文课堂上，很多教师并没有针对性教学，仍按部就班地进行教学，学生的思维没有得到发散，长此以往，学生的语文学习效率低下，教师的教学工作举步维艰。在学习中和生活体验中逐渐训练出学生科学研究的思维能力，应是教育的落脚点。

二、无法吸引学生的学习兴趣

兴趣是学生学习生活中最好的老师，在学习兴趣的支撑下，学生的学习从消极被动变为积极主动，教学过程变得科学顺畅。但是在实际的小学语文课堂上，学生对学习语文没有太大的兴趣，很多学生常常抱怨"学习是件特别枯燥的事情"。甚至还有一些学生有偏科现象，极度厌倦语文学习。造成上述现象的原因有以下两种：

（1）教师在日常教学中没有重视学生思维培养的重要性。平时的教学中，通常只是用一本教材、一支粉笔和一张嘴来进行教学，学生在这种单一枯燥的教学模式下，昏昏欲睡，学习兴趣消耗殆尽。

（2）教师没有客观认识到学生的课堂地位，全面把控课堂走向，严格规定学生在什么时间要做什么。这种教学方法，表面看似教师讲得井井有条、如醉如痴，但是学生的个体思维能力得不到培养与尊重，学习状态不佳。在这样的学习背景下，学生的学习效率不高。教师不尊重学生的课堂主体地位，限制了学生思维能力的发展，长此以往，学生的学习热情渐渐消失。

第二节　思维的含义

什么是思维呢？思维最初是人脑借助于语言对客观事物概括和间接的反映过程。思维是大脑在对客观事物反映过程中所进行的一种理性的认识加工活动。

思维是人脑对外界客观事物概括的、间接的反映。而语文思维训练正是在大语文观的基础上，思维主体（学生）的语文思维结构作用于所要研究探讨的对象并使之产生分析、综合、比较、抽象与概括这一过程。在这种思维训练过程中，师生要多方交流，不断地进行信息的传递和加工，同中求异、异中求同，使思维主体的意识不断优化，在聚合—发散—聚合的碰撞过程中不断推向高潮和深处。

《义务教育语文课程标准（2011年版）》已经把"发展思维"作为语文课程的一个要件提出，预示了语文教育的又一个发展方向，即除了对学生进行工具性和人文性的教育外，思维性也应当成为教育的一项内容，成为人才培养的一个重要指标。

我们要科学地理解思维与语言的辩证关系。作为心理现象的思维和作为社会现象的语言，都是以社会作为自己产生和存在的前提条件。思维能力和言语能力都是以人脑为依托，以人的社会交际为前提的特有的本领。虽然明确提出在语文教学中进行思维训练只是近几年的事，但是它所反映的却是客观存在的教学规律。在语文教学领域，向来有文道之争、文白（文言、白话）之争、文语（书面语、口语）之争，但不曾有过语言与思维之争。这说明我们对这个问题的思考还不够深入。在实施素质教育的今天，我们必须对此进行重新认识，并在教学中自觉运用。

随着教改的不断深入发展，人们对语文教学中良好思维品质、思维方法的训练、培养也越来越重视。

早在1979年，周建人先生便在《光明日报》撰文提出了"思想先于语言"的观点。此后10余年来，思维先于语言的观点为越来越多的专家学者所赞同。

1. 语言是思维的主要工具

语言是思维的载体，是思维成果的物化形式。古人云"言为心声"，说的就是这个意思。

语言不是思维的唯一工具，但却是思维的主要工具，而且是思维工具中最常用、最方便、最有效的一种。思维作为人脑的一种心理机能，是不出声、不显形、不能传播、不可感知的，它经过语言传递之后，就转化为有声、显形、可以传播、可以感知的了。

2. 思维制约语言

人们用语言表达思维的时候，静态的语言就成了动态的言语。在"言语"这一思维的物化体中，思维是内核，语言符号是外壳；思维处于主导地位，支配和制约语言，语言从属于思维，作为运载工具为思维服务。一个人思维水平的高低，影响到他的言语能力的优劣：概念模糊，表现为用词不准确；思维缺乏条理，表现为说话颠三倒四、层次混乱；思维不严密，表现为前言不搭后语，自相矛盾，或者上下文不贯通，缺少照应；思维片面，表现为说过头话、强词夺理、不能自圆其说……要提高学生运用语言的能力，必须从思维训练入手，培养学生良好的思维品质和科学的思维方法，这是一条切实有效的途径。

3. 语言对思维起加工作用

语言对思维的表达，不是被动消极的，而是能动的、积极的。思维具有非离散性和非线性的特点。所谓非离散性，是指思维把客观对象作为一个整体来反映的时候，对象的各种要素在思维中互相渗透、连接，无法分解成一个个界限分明的单位。所谓非线性，是指思维的内容，往往是同时交织在一起的，无法形成明确的先后次序而有条理地步步展开。而语言则恰恰相反，用语言表达思维的时候，必须把处于非离散状态的思维分解为一个个清晰的单位，并将其纵横交织的内容纳入在时间意义上展开的直线轨道。语言的长处弥补了思维的不足，语言表达思维的过程是一个对思维进行加工、整理、改造并使之趋于完善的过程。

　　从语言与思维的关系这个角度分析可得出结论：语文教学所培养的运用语言的能力，实质上就是培养运用语言表达自己的思维（输出思想）和通过语言理解别人的思维（汲取思想）的能力。我们对此理解得越深刻，在教学中注重把语言训练和思维训练结合起来，教学效果就越事半功倍。

第三节　深层次思维

　　思维的最终目标是培养学生的深层次思维。什么是深层次思维？综合各方观点，我认为，所谓深层次思维就是指学生自主"分析、评价、创造"（布鲁姆语）的思维，是发生在较高认知水平层次上的心智活动或表现较高层次的认知能力。从定义上我们不难得出这样的结论：具有深层次思维的学生对于知识信息的加工、概念的理解与运用等方面有着更深刻的认识，能够更加主动地建构个人知识体系，并把所拥有的知识迁移应用到真实情景中，用以解决生活中所遇到的复杂问题，并最终促进全面学习目标的达成。鉴于此，在学习中培养并发展学生的深度思维已经成为一项十分重要的任务、一个十分迫切的研究课题摆在一线教师面前。

　　让知识以结构的形式呈现是助推思维向深处发展的重要手段。反观我们的课堂教学，这恰恰是很多教师极其欠缺的。教师在带领学生学习时，不仅应重视获得文本所呈现的知识，也应重视通过文本习得不同的学科能力。

　　但遗憾的是，每一个备受重视的知识点在教师眼中都仅仅是一个点而已，很少有人主动把一个个知识点放在学科大背景下进行思考和梳理。不仅如此，甚至连放在同一个单元的背景下梳理也做不到。所以，我们常常在听课时发现，同一个知识点在不同的年级出现，会被教师拿来做相同的处理——看不到变化，更看不到生长。为什么会这样呢？一个很重要的原因，就是教师个人对于学科知识没有一个系统的了解，更没有进行全方位的、完善的梳理。学生在学习中更是把教师心中破碎的知识学得倍加支离破碎。破碎的知识是没有力量的，也是没有价值的！这就带来了一个问题：教师应该如何教给学生更多有价值的知识，让他们真正感受到知识的力量，并能够熟练运用知识解决问题呢？一个十分重要的方法，就是帮助他们建立起合理的、系统的、相对而言比较完善的知识结构，让学生在学习中能立足文本的内容，跳出文本思考，获得全方位的提升，真正达到深度思维。

第二章
思维的种类

　　心理学中，根据思维的不同形态来划分，将思维分为动作思维、形象思维和抽象思维三种类型；根据思维探索答案的方向来划分，将思维分为集中思维与发散思维两种类型；根据思维的主动性和创造性来划分，将思维分为复制式思维与创造性思维两种类型。从认识论的角度，根据哲学界关于物质运动与时间、空间的不可分离性来划分，人类思维有两种基本形式，即时间逻辑思维与空间结构思维。空间结构思维可进一步划分为两类：一类以表征事物基本属性作为思维材料，称为分析思维；另一类以表征客体位置关系或结构关系作为思维材料，称为直觉思维。创造性思维是在时间逻辑思维与空间结构思维两者相互作用的基础上形成的一种更高层次的思维形式。

第一节　分析思维和直觉思维

按思维的程序的不同，可以将思维划分为分析思维和直觉思维。

分析思维是以一次前进一步为特征的。议论文的推理过程，小说的情节推想过程，都属于分析思维。

直觉思维是没有经过分析的步骤而直接领悟的思维或认知。它是人脑对突然出现在面前的新事物或新问题及其关系的一种迅速的识别、敏锐而深入的洞察、直接的本质理解和综合的整体判断。分析思维是直觉思维的基础，直觉思维是分析思维的"凝聚"或"简化"。直觉思维具有快速性、直接性、跳跃性和洞察性等特点。

直觉思维是指不经思考分析的顿悟，是创造性思维活跃的表现之一。

物理学家阿基米德在跳入浴缸的时候，注意到浴缸溢出水的体积大约等于身体入水部分的体积，灵光一闪发现了阿基米德定律，即比重定律。

达尔文在观察植物幼苗生长的过程中，发现幼苗顶端向太阳照射的方向弯曲，推测出可能是由于其顶端含有某种物质，在光照的作用下转向背光一侧。后来，在达尔文研究的基础上，科学家进行了反复研究，才找到这种植物生长素。

在学习过程中，直觉思维可能表现在许多方面，比如大胆的猜测，急中生智的回答，或者新奇的想法和方案等。在发现和解决问题的过程中，我们要及时留住这些突然闯入的来客，努力发展自己的直觉思维。

案例：我在讲授《守株待兔》一课时，利用微课制作"守株待兔"故事的微视频。在学生观看微视频后，我让学生展开想象的翅膀，主动分析，推想故事情节。

师：是什么原因，使野兔这么慌乱地从树林中蹿出来？四人小组想象野兔逃跑的种种原因。（学生在互动交流中，各抒己见）：

生1：后面有猎人追赶。

生2：有野兽追击。

生3：它和别的野兔比赛跑步……

课文教学将结束时，我借助故事微视频再次激活学生想象的翅膀。

师：如果种田人听了路人的劝告，又会有怎么不一样的结局？（学生一听来劲了）

生1：他重新回到了田埂锄草、施肥。

生2：来年他又得到了好收成……

从以上几点不难看出，学生完全突破了教材的束缚，找到了新的思维发散点。

我们要教会学生思考问题的时候不要从单一的角度进行，应该从不同角度、不同方向、不同层次进行，同时对自己所掌握的知识或经验进行重新组合加工，只有这样，才能找到更多解决问题的办法。

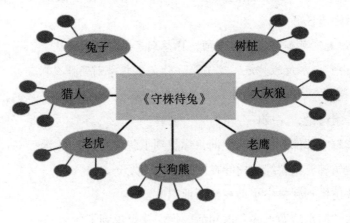

图2-1　《守株待兔》思维导图

第二节 直觉思维的培养

怎样培养学生的语文直觉思维能力呢？杭州师范学院马笑霞老师认为，经常采用并被实践证明是有效的做法有：加强概括能力、语感和速读训练。语感派代表洪镇涛老师常用比较揣摩法培养学生的语感能力，即对课文的标点、字词、句子或段落，采用"加一加""减一减""换一换""改一改""调一调""联一联""读一读"的办法，让学生在比较中体味语言运用的妙处，以培养学生的语感。

案例：教学《一个村庄的故事》一课时，我制作了微课《一个村庄的故事》，之后提出任务单：

（1）读着"郁郁葱葱"这个词，你想到了怎样的景色呢？

（2）由"河水清澈见底"这句话，你们又想象到了什么？

（3）我们身边有哪些地方，山是郁郁葱葱的，水是清澈见底的？

学生分组讨论，完成任务单后一一回答。

师：读着"郁郁葱葱"这个词，你想到了怎样的景色呢？

生：我仿佛看到碧绿的树叶在阳光下闪闪发光。

生：我仿佛听到林中小鸟在快乐地唱歌。

师：由"河水清澈见底"这句话，你们又想象到了什么？

生：我似乎听到了叮叮咚咚的流水声。

生：我感觉小鱼在水里快乐地嬉戏。

师：我们身边有哪些地方，山是郁郁葱葱的，水是清澈见底的？

生：我家后山的那片树木也是郁郁葱葱的。

生：我上学路上看到武江河是清澈见底的。

师：珍惜我们身边的这些美景吧。小村庄的昔日是那么美，我们再读读，感受一下。

由此可见，教学时教师创设与课文内容相应的情境并引导学生利用自己已知的直觉思维展开想象，可缩短学生与课文之间的时空距离，可使教材上的语言文字化作有声有色的画面，从而强化学生的感受。这样的长期训练可切实提高学生感知语言思维的能力。

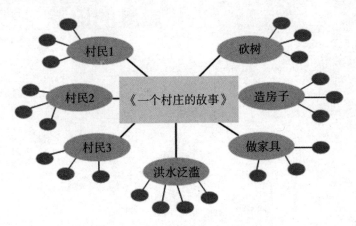

图2-2　《一个村庄的故事》思维导图

第三章

巧用常见思维

学生在课堂上的思维状态，往简单说无非是敢与不敢、能与不能的区别。敢思、善思，是我们教师训练学生思维的着眼点。如何让学生敢思呢？在课堂上，学生之所以思维不积极，首要原因是没有胆量，害怕说错了被老师骂，说偏了被同学笑。因此，我们要创设无错课堂、无批评课堂，让学生放胆思考、放胆表达，错了可以引导，偏了可以纠正，更何况错误也是资源，起码让学生懂得此路不通，爱迪生发明灯丝就是试错中的创造。如何让学生善思是一项长期的综合工程，但也有法可依、有径可循。教师对学生必须心中有数，要清楚学生现状，把握学生的个性差异，洞悉学生的"最近发展区"，有教无类，因材施教。

第一节 形象思维

形象思维是凭借具体的表象或形象进行的思维。丰富的表象是我们进行形象思维的必备条件。形象思维是建立在形象联想基础上的，先要使需要思考记忆的物品在脑子里形成清晰的形象，并将这一形象附着在一个容易回忆的联结点上。这样，只要想到所熟悉的联结点，就能想起来学习过的新东西。在低年级语文教学中，教师应多用照片、图画、实物、模型等直观教具教学，让学生通过观察感知获得丰富的表象积累。教师也可以根据教学内容，运用图画、投影、录像、表演、游戏、配乐朗读和有感情描述等教学手段，创设生动的课堂情境，唤起、激活学生头脑中的原有表象，从而产生新表象。

形象思维主要包括表象、回想、联想、想象、情感等因素。它的特点是感性、直观、形象化，它所突出的是更加注重"形象"和"情感"。

从创作者的角度看，形象思维的过程就是艺术想象的过程。从文本解读者的角度看，就是要把这个形象还原出来。两者都要经历如下三个过程：一是追忆，在脑中复现感性材料；二是取舍，对感性材料进行过滤或选择；三是虚构，创造新形象。

案例：有一次在香港一所小学上课，我跟同学们玩了一个游戏。我饶有兴趣地说："现在，让我们来做一个小游戏，请同学们在一分钟内记住以下东西——风筝、铅笔、汽车、电饭锅、蜡烛、果酱。"

一分钟后，我问同学们："你们都记住了几项呢？"有的同学说记住了三项，有的说四项，但没有一位同学记全。于是我引导孩子们发挥想象："其实，你完全可以轻而易举地记全，最有效的窍门是要利用你的想象力。我们可以这样想象——你在公园放着风筝，风筝在天上飞，这是一个什么样的风筝呢？是一个白色的风筝。忽然有一支铅笔，被抛了上去，把风筝刺了个大洞，于是风筝掉了下来。而铅笔也掉下来，碰到了一辆汽车上，挡风玻璃被击破了。只好把汽车放到一个大电饭锅里去，当汽车放入电饭锅时，汽车融化了，变软了。后来，你拿着一根蜡烛，敲击电饭锅，'当当当'的声音，非常大，而蜡烛被涂上了果酱……现在回想一下：风筝—铅笔—汽车—电饭锅—蜡烛—果酱。如果你再回想一次它们之间的联结点，就把这六项记下来了。"

　　这个游戏说明：联结是形象记忆的关键。好的、生动的联结要求将新信息放在旧信息上，创造另一个生动的影像，将新信息放在长期记忆中，以荒谬、无意义的方式用动作将影像联结。好的联结在回想时速度快，也不易忘记。一般而言，有声音的联结比没有声音的好，有颜色的联结比没有颜色的好，有变形的联结比没有变形的好，动态的联结比静态的联结好。

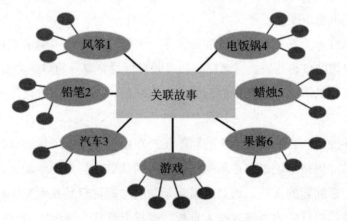

图3-1　关联故事思维导图

第二节　抽象思维

抽象思维，即借助于概念、判断、推理等形式进行的思维，也叫逻辑思维。抽象思维以分析、综合、抽象、概括等为基本的思维过程，以概念、判断和推理为思维的基本形式。可通过引导学生厘清作者思路，让学生学会分析概括，培养逻辑思维能力。

抽象思维分为形式逻辑思维和辩证逻辑思维。前者从事物的相对稳定性出发，反对事物的自相矛盾；后者反映和强调事物对立统一的辩证关系。

思维存在的形态不是单一的而是多种多样的，不能把思维仅仅理解为抽象逻辑思维。

心理学的研究表明，小学生的思维正处在由具体形象思维向抽象逻辑思维过渡的阶段。黑格尔说过，逻辑是一切思考的基础，逻辑思维能力强的人能迅速准确地把握问题的实质，面对纷繁复杂的问题能更容易找到解决的办法。当今社会，逻辑思维能力越来越被人重视，逻辑思维能力训练对考察一个人的思维方式及思维适应能力有极其明显的作用，这样的能力往往有利于学习和今后工作中的应变与创新。只有通过不断的训练来活跃思维，在遇到问题时才能得心应手、游刃有余。

随着社会的发展和大数据时代的到来，碎片化阅读成为当下主要的阅读方式。但在语文教学中，整本书阅读是必不可少的。教师必须让整本书阅读成为学生语文学习过程中的一种习惯，才能够让学生更加从容地面对书本，细细品读，深入思考。

如学习部编版五年级语文下册第7课《猴王出世》以及本单元"快乐读书吧"时，我不仅让学生读原文，还推荐学生整本书阅读——读名著《西游记》，并让学生利用思维导图分析《西游记》中主要人物的性格。学生发挥想象，把抽象的文字形象化，对人物的了解在梳理中一目了然。

《西游记》思维导图如图3-2所示。

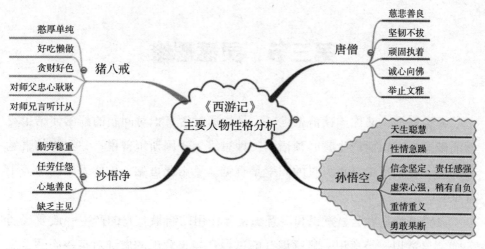

图3-2 《西游记》思维导图

这种让学生化抽象为思维导图的学习策略，对学生整本书阅读十分有效。

第三节　灵感思维

灵感思维，又称"顿悟思维"，是指通过潜意识对问题的酝酿使结果突然涌现于显意识而产生顿时领悟的一种思维。爱因斯坦曾说："我相信直觉和灵感，在创造中真正可贵的因素是直觉。"由此可见，灵感思维的培养十分重要。

灵感思维是大脑显意识和潜意识相互作用的结果。它的产生一般要经历一个"显意识—潜意识—显意识"的过程：当显意识的思维对某一问题百思不得其解，思维通道突然阻塞，思维渐进过程中断时，即进入潜意识的思维过程；在潜意识思维过程中，一旦孕育成熟或偶遇相似诱因，便会与显意识沟通，导致灵感迸发。灵感思维具有突发性、偶然性、瞬时性、模糊性和独创性等特征。

我们常说，一千个读者就有一千个哈姆雷特。所以，读书不仅是解读作者的思想，更是根据自己的需要，去汲取书中为我所用的精华。书是满足自我需要的一种载体、一个源泉，是一种自我享受、自我欣赏的精神食粮。我们应该鼓励学生的个性化阅读，对于作品的理解可以依据自己的生活、自身的实践、已有的认知水平去重新建构，实现多元解读。教师应该允许和赞赏学生有不同的观点，激活学生的求异思维，而这样的生发点，抒情性课文则更多些。

案例：教学人教版语文第十册第16课《田忌赛马》时，教学参考书上是这样确定中心的：田忌采用孙膑策略一匹马也没换，只是调换了一下出场顺序，就赢了齐威王。同学们还特意自制了田忌战胜齐威王的思维导图（见图3-3），以此说明孙膑的策略。

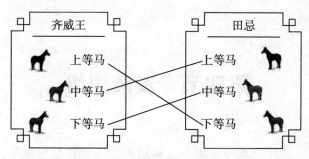

图3-3　《田忌赛马》思维导图1

　　而在实际教学中，有的学生却认为：齐威王同样一匹马也不换，也可以赢田忌。因为前文说齐威王的马，每个等级都比田忌的快一点，所以只要他第二场中等马对中等马，二比一胜就能赢了田忌（见图3-4）。

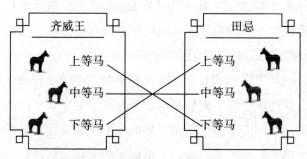

图3-4　《田忌赛马》思维导图2

　　多好的思维呀！这些闪光点没有教师的宽容，没有教师的"换一种方式"，怎么能欣赏到呢？这样充满智慧的多元解读，我们又怎能不激动呢？

第四节　发散思维

发散思维，又称"求异思维""辐射思维""扩散思维"，即由一个条件想出许多结果。其方向呈发散性，具有开放性、创新性。它的核心是标新立异。文学鉴赏中的多元解读、作文命题的多种立意、数学的一题多解，都是发散思维的具体运用。

发散思维的概念是美国心理学家吉尔福特1950年在题为《创造力》的演讲中首先提出的，半个多世纪以来，引起了普遍重视。发散思维是一种从不同的方向、不同的途径和不同的角度去设想的展开型思考方法，它能使人产生大量的创造性设想，摆脱习惯性思维的束缚，使人们的思维趋于多样。

发散思维是创新思维的精髓。在语文教学中，教师要有意识地注重培养学生的多向思维，促进学生的多向性发展。要允许学生发表不同的见解，鼓励学生寻求多种解决问题的方案，使学生在形成多向思维过程中学习知识，在学习新知识的过程中培养思维的多向性，激活创新的灵魂。教师在小学语文教学活动中，要还给学生一个交流的课堂，实现文本对话、师生交流和生生交流；要给学生一个开放的课堂，教学不仅是一种告诉，更多的是学生的一种体验、探究和感悟。

案例：在教学苏轼的《题临安邸》时，为了让学生进一步了解诗人，我启发学生想到《明月几时有》这些作品，同时让学生想到北宋的政治制度、苏东坡曾经的遭遇，想到东坡肉这道美食以及东坡酒、东坡的政敌王安石、苏门三位文豪等。

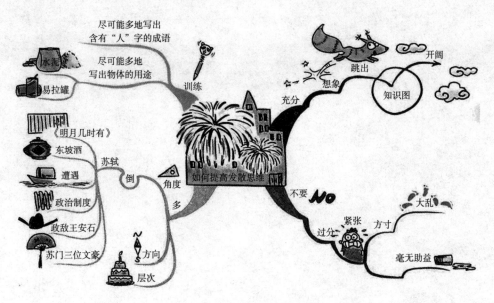

图3-5 发散思维的思维导图

对于学生来说，发散性思维是一种自然甚至几乎自动的思维方式，能给学生的学习和生活带来更多更大的帮助。

第四章

呼唤创造天才

如今的时代是一个知识竞争的时代，越来越多的竞争压力使得人们认识到只拥有知识是远远不够的，因为知识本身并不能告诉我们如何去运用知识、如何去解决问题、如何去创新，这一切都要靠人的智慧——大脑思维来解决。大量的事实也表明，古往今来许多成功者既不是那些最勤奋的人，也不是那些知识最渊博的人，而是一些最具有创新意识，懂得如何去正确思考，最善于利用头脑力量的人。领导者的成功与失败并不在于是否拥有足够的知识和聪明，而在于一种思维，因为思维决定行为。掌握了思维的力量，就会提高成功的概率。

第一节　再现性思维

从智力品质的角度，思维可以分为再现性思维和创造性思维。

再现性思维，又称"常规性思维"，指人们运用已获得的知识经验，按现成的方案和程序，用习惯的方法、固定的模式来解决问题的思维。这种思维的创造性水平较低。在阅读中，更注重于情境性思维、情感性思维、形象性思维的再现等。

在语文课中，如何体现语文学科的人文性，其基点就在于情感，一个没有激情的教师，不可能调动学生的情感，让学生充满热情地学习。小学语文教师要注重置师生于课文和作者心境及其所处情境之中，也就是"融情"，如同"登山则情满于山，观海则意溢于海"一样。语文教师要找准工具性与人文性统一的触发点，由此披文入情，将两者和谐统一而不露痕迹。

案例：教学《语言的魅力》一课时，我让学生抓住关键句：

（1）街上过往的行人很多，那些衣着华丽的绅士、贵妇人，看了木牌子上的字都无动于衷，有的还淡淡一笑，便姗姗而去了。此时，我适时地激发学生有感而发。难道在偌大个繁华的巴黎街头就没有人肯在盲老人面前停步吗？难道过路人都只顾忙碌着自己的事而对老人无动于衷吗？（不，法国诗人让·彼浩勒使这个世界改变了）

（2）自学课文第1～5自然段，根据表格提示用不同符号画出课文中的相关句子读一读，并在小组内交流自己的读书感悟。

表4-1　语言的魅力

木牌上写了什么	行人的表现	失明老人的神态	失明老人的语言

填表后，通过对比阅读法，让学生再读课文，深入思考，体会"变"与"不变"。

师：四人小组讨论，看看这一天什么变了，什么没有变?

不变的：还是这个地点，还是这位老人，还是在这个阳光明媚的春天。

变的：钱多了；给钱的人多了；老人的心情变了，世界变了，人们的心变了，充满了"爱"。

随后讨论：是什么改变了人们的行为?

生："春天到了，可是我什么也看不见"这富有魅力的语言激发了人们的同情心。

师：此时此刻，如果你也是大街上行色匆匆的路人，看到春天的良辰美景，看到站在你面前的双目失明的老人，你心里是什么滋味?

生：盲老人太可怜了。我们在享受春天的乐趣，盲老人却在黑暗里忍饥挨饿。

生：我为老人感到心酸，盲老人的生活太悲惨了。

生："春天到了，可是……"这六个字添得太好了，突出了盲老人的不幸，触动了那些无动于衷的人们内心美好的一面，唤醒了人们藏在内心深处的同情之心、怜悯之情。

这节课，我借助视觉与听觉的反差效果，让学生产生体验，激发学生的情感，学生在情境中感悟到"春天到了"所产生的作用，感悟语言无穷的魅力。

在学生了解了课文里语言的魅力后，我再度激活学生们的深层次思维。

师：同学们，你们能发挥想象力，再创编几个吗?

我会编：

春天到了，可是_____!

天真热，可是_____!

_____，可是_____!

这一环节，学生的思维得以放飞，一首首充满童趣的儿童诗犹如滔滔江水，喷薄而出。

第二节　超前思维

超前思维，用一句老话说，那就是未雨绸缪，以长远的眼光，对未来早做谋划。超前思维与后馈思维相对，是用将来可能出现的情况对现在进行弹性指导和调整，并且进行预测的一种思维。科学的超前思维是建立在对事物发展必然性认识的基础之上的，必然的规律一般要通过许多偶然性表现出来，而偶然性又是比较难以预测和经常变化的。

第二次世界大战期间，美国许多企业由于受战争影响都处于半停滞、半瘫痪状态，除了军火工业之外，大多数行业都不景气。

杰克是一家面临倒闭的缝纫机厂厂长，他经过深思熟虑，果断决定改行，但他并没有转向当时的其他行业，而是以超前意识发现了战争所带来的市场——伤兵和伤残的百姓。于是，他们设计和改造部分设备开发出残疾人用的轮椅。当世界大战即将结束时，那些受伤的人纷纷购买轮椅，一时间轮椅成了热销货，而这种产品当时只有杰克一家有大批现货。这样，轮椅不但在美国销得快，还远销国外。由此可见，超前思维帮他们抢得了先机。

日本索尼的老总具有非凡的超前思维。最早，美国贝尔实验室的研究人员在1947年12月用两根针压在一小块锗片上，成功地研制出世界上第一个晶体管放大装置，可以将音频信号放大上百倍。科学家肖克利在对这种早期晶体管的工作机理进行分析的基础上，推出PN结型晶体管，美国西方电器公司将其用于助听器，仅此而已。然而，具有远见卓识的索尼公司老总盛田和井深，却超越当下的功用，用未来的眼光敏锐地预见到晶体管的意义重大，认为这将会给世界微电子工业带来一场革命。他们力排众议，在1953年以2.5万美元买下生产晶体管的专利。经过多次试验，索尼公司于1957年成功地研制出世界上第一台能装在衣袋里的袖珍式晶体管收音机，首批生产的200万台索尼收音机一投放市场，就出现爆炸性的销售效果。索尼公司由此而名扬全球，甚至就此带动了日本的微电子工业在世界上独领风骚数十年。

　　如今的时代是一个知识竞争的时代，越来越多的竞争压力使得人们认识到只拥有知识是远远不够的，因为知识本身并不能告诉我们如何去运用知识、如何去解决问题、如何去创新，这一切都要靠人的智慧——大脑思维来解决。大量的事实也表明，古往今来许多成功者既不是那些最勤奋的人，也不是那些知识最渊博的人，而是一些最具有创新意识，懂得如何去正确思考，最善于利用头脑力量的人。领导者的成功与失败，并不在于是否拥有足够的知识和聪明，而在于一种思维，因为思维决定行为。掌握了思维的力量，就会提高成功的概率。

　　超前思维，就是运用一种高智能的眼光，多角度、全方位地分析事物的历史和现状，把握其未来的发展趋势，获得常人不能得知的信息，从而提前作出正确决策，取得事业成功的思维活动。

　　案例： 在一次语文期末测试统改考场，一位老师拿起一篇作文惊呼："好文哪！好文！满分！"于是，老师们争相传看这篇文章。

　　这次作文的考题是根据一则材料来写自己懂得的道理："生活中，我们一天天在长大，懂得了孝敬父母，懂得了珍惜幸福……请你写一写成长过程中懂得的某一种生活道理。"很多同学都写了自己平常琐事中懂得的励志人生哲理，虽然语言风格各有千秋，但选材却大同小异。而有位同学选材却剑走偏锋，写的是叫卖声的启示：一天，同学们在操场上上体育课，远远听到一位老人的叫卖声："剪刀，家传锋利的剪刀……"可老人到了学校门前，见到同学们在上体育课，叫卖声戛然而止。走了好远，才再次听到了若隐若现的叫卖声："剪刀，家传锋利的剪刀……"望着渐行渐远的背影，这位同学忽然懂得了无声的大爱！

　　多奇特的立意！其实从文章来看，这篇作文并无稀奇，而且行文风格也很口语化，没有瑰丽的文采。但它最令老师欣赏的，就是那一点创意，那种另类的思维。

　　很多优秀的学生往往会撇开众人常用的思路而采用超前思维，善于尝试多种角度思维，从他人意想不到的"点"去开辟问题的新解法。所以，当我们提倡同学们要进行发散性的思维训练，其首要因素便是要找到事物的这个"点"进行扩散。

　　案例： 华若德克是美国实业界的大人物。在他未成名之前，有一次，他带领属下参加在休斯敦举行的美国商品展销会。令他十分懊丧的是，他被分配到一个极为偏僻的角落，而这个角落是绝少有人光顾的。为他设计摊位布置的装饰工程师劝他干脆放弃这个摊位，因为在这种偏僻的地理条件下，想要成功展览几乎是不可能的。华若德克沉思良久，觉得若放弃这一机会实在是太可惜了，可不可以将这个不好的地理位置的劣势通过某种方式加以转化，使自己的摊位变成整个展销会的焦点呢？

他想到了自己创业的艰辛，想到了自己受到展销大会组委会的排斥和冷眼，想到了摊位的偏僻……他的心里突然涌现出偏远非洲的景象，觉得自己就像非洲人一样受着不应有的歧视。他走到了自己的摊位前，心中充满感慨，灵机一动："既然你们都把我看成非洲难民，那我就打扮一回非洲难民给你们看！"于是一个创意应运而生。

华若德克让设计师为他设计了一个古代宫殿式的氛围，围绕着摊位布满了具有浓郁非洲风情的装饰物，把摊位前的那一条荒凉的大路变成了黄澄澄的沙漠。他安排雇来的人穿上非洲人的服装，并且特地雇用动物园的双峰骆驼来运输货物。此外，他还派人定做大批气球，准备在展销会上用。

展销会开幕那天，华若德克挥了挥手，顿时展览厅里升起无数的彩色气球，气球升空不久自行爆炸，落下无数的胶片，上面写着："当你拾起这小小的胶片时，亲爱的女士和先生，你的运气就开始了，我们衷心祝贺你。请到华若德克的摊位，接受来自遥远非洲的礼物。"

这无数的碎片洒落在热闹的人群中，于是一传十、十传百，消息越传越广，人们纷纷集聚到这个本来无人问津的摊位前。火爆的人气给华若德克带来了非常可观的生意和潜在机会，而那些黄金地段的摊位反而遭到了人们的冷落。

几乎所有的创意都重在突破常规，它不怕奇思妙想，也不怕荒诞不经。所以，在学习中，多发挥思维的能动性，让它带着你任意驰骋在广阔的思维天地，或许会让你看到平日见不到的美妙风景。那么现在思考一下，我们怎样才能做到比别人多考虑一点呢？那就是要学会超前思维。

第三节　超前思维与追问

一、善问

在语文课上，学生不仅要做到专心听讲，对别人给出的答案敢于发表自己的见解，而且还能够积极思考，勇于提出问题。因为提问是积极思考的一种表现，问题越多的学习者对知识掌握得越全面，领会得越透彻，积极提问也说明他们思考得比别人多、想的"点"多。

而那些很少提问甚至从不提问的学习者，虽然在同一课堂上学习了同样的内容，印象却不如积极思考的同学深。他们不仅对知识的应用能力差，而且容易遗忘。

善问是积极思考的表现。唯有积极思考，才能领会得透彻：在学习过程中，不仅要专心听讲，更要善于大胆质疑。通过积极地提问，活跃思维，最大限度地调动自己的学习主动性，这样才有可能取得更好的学习效果。

二、奇问

对我们的大脑来说，好奇心本身就是一种奖励，优秀的学习者正是因为保持自己的好奇心才能获得更多的智慧。其实，每个人都有浓厚的好奇心和求知欲，尤其是对于小学生来说，表现得更为出众。

如同书本上的知识会引起我们的好奇心，自然界和社会生活中纷繁复杂的现象也会引起我们的疑问，甚至连路旁的一棵小树、天空中一片漂亮的彩云，都会引起我们无穷无尽的遐想。

美籍华人、诺贝尔物理学奖获得者李政道教授一次在同中国科技大学少年班学生座谈时指出："为什么理论物理领域做出贡献的大都是年轻人呢？就是因为他们敢于怀疑，敢问。"他还强调说："一定要从小就培养学生的好奇心，要敢于提出问题。一个人善于动脑、善于思考，就会不断发现问题，养成'非思不问'的习惯，这样我们考虑的就能比别人多，学到的东西自然也就会更多！"

乔布斯培养超前思维（见图4-1）的七个法则，其核心就是"激活你的大脑"——没有创造力，何谈超前？创造力就是整合事物的能力。他相信人生经历越丰富，越能理解人的各种体验。那么，如何在教学中渗透这一法则呢？

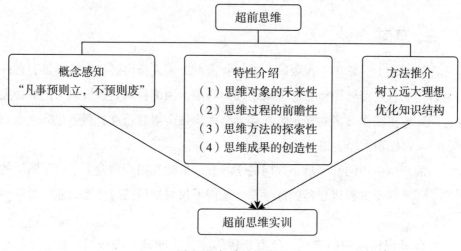

图4-1　超前思维导图

案例：大自然里充满了神奇，让学生在生物的世界里寻找语文的学习元素，亲自参与一些有趣的实践活动，能更好地引领学生"关注现实，热爱生活，表达真情实感"。

有一天，我指导学生以"落叶"为题写一篇作文。我没有像常规教法那样，拿着树叶问学生：同学们，这片叶子是什么形状？那片叶子是什么颜色？一味地这样追问机械而又枯燥，学生不感兴趣。我巧妙地改变了教学策略，神秘兮兮地对学生说："同学们，我们一起到公园里找秋天——寻找树叶的秘密。""耶！"孩子们欢呼雀跃。

公园里闪动着孩子们欢乐的身影，但也不时传来孩子们好奇的声音：

生：老师，这是为什么呀？别的叶子都变了颜色，它仍然油绿油绿的。

生：绿得闪亮呢！

生：老师，这个叶子怎么是扇形的？这是什么叶子呀？

生：老师，这片叶子的背面有毛哇！

生：怎么叶子的颜色这么多呀？有红色、绿色、黄色……

随着探寻的深入，孩子们的好奇心被激发了，敢问、善问，思维更活跃了、更超前了，想象力更丰富了，孩子们语言的闸门也打开了，有的说："落叶像花蝴蝶的小船，载着蝴蝶翩翩起舞。"有的说："落叶像小蚂蚁的伞，为蚂蚁遮风挡雨。"还有的说："落叶像蜗牛的运动场，让蜗牛做运动……"走进大自然，让孩子们的语言不再苍白。

此时，我进一步锤炼、挖掘学生的超前思维："同学们，小小的树叶是昆虫们的家，你们能用寻到的落叶做成什么呢？"学生的思维被激活，想象力惊人，纷纷说：风筝、火箭、机器人……（见图4-2）

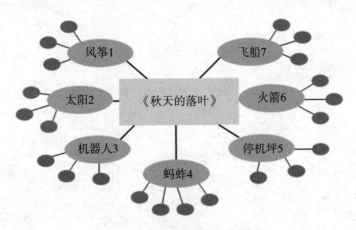

图4-2　《秋天的落叶》思维导图

俗话说得好，这世界没有过时的科技，只有落后的思维。瓦特、鲁班、牛顿有着未雨绸缪这一良好的思维习惯，平时一心向学。所以，这些自然界的微弱刺激便能激起他们灵感的火花，使他们凭借超乎常人的眼光与魄力获得了成功。相信我们的学生中也有不少"瓦特"，老师只要时时注重孩子们的超前思维训练，下一个"牛顿"就可能在我们的学生中产生！

第五章 施展大脑的创新力量

现代教育观念认为：创造是现代人的本质特征，创造教育是现代教育的显著特征之一。创新思维是指对事物间的联系进行前所未有的思考，从而创造出新事物、新方法的思维形式。

从字面上看，创新思维似乎很神秘，其实创新思维人人都有，可以很复杂，如发明世界第一台电子计算机，需要一个庞大的研究团队经过多年不懈的研究，集合大量创新思维成果；也可以很简单，一个小学生独立采用新方法解决一道数学题，也属于创新思维；甚至一个新思路、新点子也属于创新思维。

第一节　创新思维的界定

教育本身就是一个创新的过程，教师必须具有创新意识，改变以知识传授为中心的教学思路，以培养学生的创新思维和实践能力为目标，从教学思想到教学方式上大胆突破，确立创新性教学原则。

很多老师一提到创新教育，往往想到的是脱离教材的活动，如小制作、小发明等；或者是借助问题，让学生任意去想去说，说得离奇便是创新，走入了另一个极端。其实，每一个合乎情理的新发现、别出心裁的观察角度等都是创新。一个人对于某一问题的解决是否具有创新性，不在于这一问题及其解决方案是否别人提过，而在于这一问题及其解决方案对于这个人来说是否新颖。学生也可以创新，而且必须有创新的能力。教师完全能够通过挖掘教材，高效地驾驭教材，把与时代发展相适应的新知识、新问题引入课堂，与教材内容有机结合，引导学生再去主动探究。让学生掌握更多的方法，了解更多的知识，培养学生的创新思维。

创新思维是一种不受常规思维束缚，寻求全新独特的解决问题的方法的思维过程。创新思维是相对于传统思维的新思维，就是我们常说的创造性思维。

小孩的创新思维表现在胡思乱想和丰富的想象中，但是，如果一个孩子问他的老师："老师，天上有一颗太阳，那会不会有两颗呢？""不会！"老师通常都会斥责孩子"国无二君，天无两日"之类的话语，孩子的创新思维就这样一次次被打压磨灭，直到完全陷入常规性思维。所以，我们必须打破思维定式，培养学生的创造性思维。

创造性思维即用独特新颖的方式来解决问题或再造形象的思维。创造性思维具有流畅性、变通性和独创性三个维度。师生感情融洽，民主、自由、宽松、和谐的课堂氛围是开发学生创造性思维潜能的必要条件。

案例： 死气沉沉的大脑毫无创造力可言。在学习过程中，若要保持大脑的兴奋，就要保持思维的活跃，而发散思维可以帮助大脑维持一个灵敏的状态。

几乎从启蒙那天开始，社会、家庭和学校便开始向学生灌输这样的思想：这个问题只有一个答案，不要标新立异，这是规矩，等等。当然，就做人的行为准则而言，遵循一定的道德规范是对的，正所谓"没有规矩，不成方圆"。然而，凡事都制定唯一的准则，这一做法是在扼杀创造力。

我在讲授《圆明园的毁灭》一课，当讲到红砖绿瓦时，灵机一动，想考考孩子们的创新思维，就对学生说："同学们，你们能用一分钟，说说红砖的用途吗？"顿时，课室里炸开了锅，同学们七嘴八舌地说："盖房子、建教室、修烟囱、铺路面、盖仓库……"尽管他们说出了砖头的多种用途，但始终没有离开"建筑材料"这一大类。

我再次引导："红砖除了可以用于建筑材料，就没有别的用途了吗？"一石激起千层浪，充满个性的想法便喷薄而出：可以压纸、砸钉子、打狗、支书架、锻炼身体、垫桌脚、画线、做红色标志，甚至有磨红粉等许多其他用途（见图5-1）。孩子们的创新思维被激活，这种从多个角度出发解决同一问题的做法所体现的就是创新思维的运用。

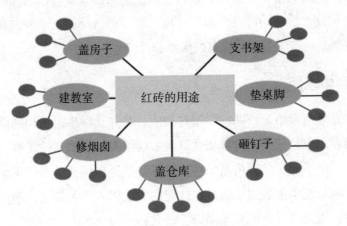

图5-1　"红砖的用途"思维导图

第二节　激发潜伏在体内的创新思维

创新思维是人类才有的高级思维活动，是成为出类拔萃的人才必须具备的条件。心理学认为：创新思维是指思维不仅能提示客观事物的本质及内在联系，而且还能产生新颖的、具有社会价值的、前所未有的思维成果。即使遗失了与生俱来的创造性思维，我们也可以通过运用心理学上的"自我调节"，有意识地在各个方面认真思考和勤奋练习，重新将创造性思维找回来。卓别林说过："和拉提琴或弹钢琴相似，思维也是需要每天训练的！"可见，思维可以通过训练不断培养。

在语文教学中，如何激发学生的创新思维呢？

创造思维的新视角：重新认识教材，从中挖掘创新素材，发挥知识的智力因素，从而创设教学活动情境，激发兴趣，进行创新探索，培养创新能力。灵活多变的教学是培养学生创新能力的崭新途径。

一、异中求新

案例：在《詹天佑》一课的学习过程中，我先让学生进行快速阅读，画出关键词或重要语句，使学生对整篇文章内容能够有一个概括性了解，然后，我适时提问："同学们，詹天佑是怎样完成设计线路的任务的？"学生求知的欲望被激发，随后让学生采用小组合作探究的方式深入学习课文。学生加入自己喜欢的小组，用自己喜欢的方式探究。打破传统独立思考，创造出一种师生之间、生生之间的情感和兴趣交流的双向或多向互动的新局面。

在完成重点课程教学任务后，我适当融合数学元素进行下一步教学，根据文章内容出示一道数学题："詹天佑用了多长时间设计'人字形'线路？比预期提前了多长时间？"在很短的时间内，大部分学生便给出了问题答案，"老师，詹天佑比预期提前了365天"，从这一数据，体现了詹天佑杰出的才干，伟大的精神。当学生的思维正处于兴奋状态时，我接着问："那么同学们，你们能把詹天佑的'人字形'铁路画一画吗？"学生来了兴趣，纷纷画起了几何图形（见图5-2）。同时，我让学生当"小导游"，介绍自己实际操作演示火车走"人字形"线路的原理。

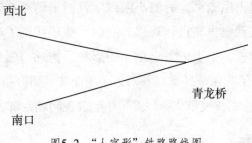

图5-2　"人字形"铁路路线图

在学生掌握了方法后，我再引导学生继续探讨。"同学们，你们发挥想象思考一下，还有别的办法让火车攻克青龙桥地势的坡度吗？"

一石激起千层浪，同学们三个一群、五个一伙地设计起来。学生根据已有的知识，动手摆学具模型，巧手画别样的线路。看，有的设计出"螺旋形线路——S形"，有的画"'之'字形线路"，甚至有的学生运用逆向思维，创造出"折回线路"……

最后，我巧妙地把学生的设计方案与詹天佑设计的"人字形"线路作比较，学生发现自己设计的方案可行性都不足，因为车身太长不利于安全行驶，从而深刻感受詹天佑的杰出才干和聪明才智。由此可见，异中求新丰富了学生的语言，也增加了老师与学生之间的交流互动，为打造高效课堂提供了有效途径。

二、疑中求新

学源于思，思源于疑，教师要鼓励学生大胆质疑。科学即创造，语文课堂上，我们可以创设有助于学生主动学习的问题情境，引导学生通过探究学习，获得科学基础知识和技能，不断提高学会学习的探究能力。

案例： 在教学《吃虫草》习作课时，一开课我便激趣导入："大自然千奇百怪，有凶猛的食肉动物，有娇艳美丽的植物。那么你们知道有一种植物，它不仅能靠雨水、阳光来获取养分，也会像小鸟一样捕食昆虫吗？"学生们听了，全都睁大了眼睛，充满了好奇。我卖了一个关子，故作神秘地说："这是一种吃虫草。"学生们听了来了兴趣，纷纷质疑："吃虫草是要吃虫子才能长大的草吗？""吃虫草是怎样捕捉虫子的？""吃虫的植物靠什么来吸引小虫子？"学生们的头脑里涌现了"十万个为什么"。我依旧卖关子，说："老师也不清楚，你们能自己找到答案吗？"于是，学生组成不同的研究小组展开探究之旅，有的小组上网查询，有的小组到学校图书馆查找知识点，有的小组自发到植物园里找到吃虫草进行观察，有的小组还找到了吃虫草的照片……经过一个星期的调查，学生们对吃虫草的形状、美感、颜色等有了更为直观的了解，终于揭开了吃虫草的奥秘并写出了上千字的研究报告。这种学习方式的改变，激发了学生的探究欲望，培养了学生发现问题、解决问题的能力。

三、想中求新

猜测是发展创新思维的重要方式，教师可以结合教材鼓励学生大胆进行推测，如推测文章结局、续写文章、改写文章等。此外，"创新需要勇敢，创新需要专心"，教师要注意培养学生的自信心，培养学生的再造性思维。需要注意的是，再现性思维不是再造性思维，文学作品中的形象再造应该归入创造性思维。因为"一千个读者心目中就有一千个哈姆雷特"，每个人心中哈姆雷特的形象，都带有个人的印记，都是个人创造出来的，仅仅用"再现"不能解释这个形象身上带有如此多的鲜明的读者个人印记。所以，在分析文学作品的人物形象之前，不宜先让学生看插图，但可以让文学作品中的形象再造，发展再现性思维。

案例： 在教学《老人与海鸥》这篇课文时，临到最后，我创设语境，拓宽学生的思维。

师：同学们，学习了这篇课文之后，设想你站在老人、海鸥、游客的角度，你想说点什么？

生（老人视角）："独脚"，你的脚还痛吗？

生（老人视角）："灰头"，你最爱和别人抢吃的，你分给"独脚"弟弟点儿。"红嘴"越来越漂亮了，后面的是你女朋友吗？"老沙"还是慢性子，你也快点呀，不然又没抢到，又要挨饿了。"公主"飞起来还是那么高贵、优雅，真是个小可爱。

生（海鸥视角）：让人尊敬的老人哪，谢谢你那么关爱我们。我们从西伯利亚到昆明湖，飞过千山万水时，都会为你祈祷。遇到风雨雷电时，我们想一定要克服一切困难，飞来见你，不辜负你对我们的爱。

生（学生视角）：放心吧，老人家。你的优秀事迹已经登在我们的课本上了，全国的小朋友都了解了你对海鸥的特别的爱，说不定外国的小朋友也知道了你的事迹，他们肯定也被你感动了。你虽然走了，但是我们会像你一样爱海鸥、爱这个世界上的生命！

学生在老师创设的情境中，创新思维的闸门被打开，"我口说我心"，孩子们的创新思维被放飞。

叶圣陶说："语文教材无非是个例子，凭这个例子要使学生能够举一反三，练习阅读和写作的熟练技巧。"语文教材是学生学习写作文的范例，老师要教会学生根据例子进行仿创，逐渐掌握写作技巧。学生可以仿创一种句式，也可以仿创一段话，还可以仿创整篇文章。

第六章 锤炼深度思维的妙招

语文思维训练对于语文课堂教学的效果是十分明显的，它打破了学生思维的局限，培养了学生思维的敏捷性、灵活性和多向性，它还面向全体学生，使每一层次的学生都有所收获。在思维训练的过程中，思维的范围、内容、深度得到了进一步扩散，思维主体原来未能想到的，在训练中得到了丰富和提高，即个体思维交融于整体思维之中，从而优化了个体思维的品质。而思维训练的成果就是思维效果的高度集中与和谐发散，在成功思维的启发指导下，其他被动的消极的非主流的思维就会转到积极的主动的思维状态之中，同时还可能顿悟，产生灵感，从而有所创新，有所发明。

以思维的深度为侧重点，以抽象概括能力为核心，强化课文主旨的揭示，在概念中求深，以培养思维的深刻性。这就是说，思考问题要触及事物的本质以及事物之间的相互联系，而不是停留在事物的表面。

第一节 "趣"中探索，孕育深度思维

兴趣是最好的老师，是行动的内驱力。语文教学首先要在趣味盎然、妙趣横生的课堂中，锤炼学生的思维能力，孕育核心素养。语文教学激发兴趣的途径主要有两条：一是教师的教学活动要有趣，通过情境创设、巧妙设疑、激发想象、情境表演、争论辨析、实践活动等，让学生在艺术化、情趣化的学习活动中体验到语文学习的乐趣；二是课前激趣，注意新课导入新颖，在导入新课时，让学生一上课就能置身于一种轻松和谐的环境氛围中，不知不觉地学语文，提升思维能力。

案例：上习作课"我的一次科学尝试——作文指导课"，教师一开课就提出学习单：①播放微课视频（师：同学们，请仔细观察，老师要在纸盘中倒入牛奶，然后往牛奶中加入不同颜色的色素。同学们仔细看，此时盘中的色素有什么变化？）②你发现了什么？③猜一猜：如果往色素中滴入洗洁精，色素又会发生怎样的变化呢？

教师不断激发学生，使学生跃跃欲试，产生强烈的动手欲望，从而兴奋地、积极主动地去探索、去实践。此环节通过微课激趣，满足学生求知欲望的同时，培养学生的观察能力。课堂里构建的认知冲突，有效调动学生探究新知的兴趣，学生创造性思维能力得到彰显，孕育了语文核心素养。

实验 { 牛奶
色素——我的发现
盘子

第二节　"情"中陶冶，挖掘深度思维

情境性学习是指在学习过程中，为了达到一定的教学和实用目标，根据学生身心发展的特点，教师所创建的具有学习背景、景象和学习活动条件的学习环境，是师生主动积极建构性的学习，是作用于学生并能引起学生思维能力提升的过程。语文不是无情物，它本就栖居着浪漫和诗意，作者情感的表达就隐匿于语言文字的深处。因此，语文教学要让情感复原，让感情流淌，让课堂充溢浓浓的人文情怀。

在语文教学中，如何体现语文学科的人文性，其落脚点就在于情感。作为老师，必须要有激情，才能调动学生的情感，让学生充满热情地投入学习中去，小学语文教师要学会"融情"，在情境中激发学生的情感。

生活是阅读写作的源泉。语文作为一门得天独厚的课程，为学生提供了贴近生活的最大可能。基于语文与生活有着这样密切的联系，我们认为情感的培养离不开丰富的生活体验，每个人必须通过自己的生命活动获得某种对生活的体验，才能去掌握言语所表示的东西及其背后潜藏的思想与情感。

柳斌老师说过："语文教学的主要任务是帮助学生在语文实践活动中提高语言文字能力。"喜欢活动是儿童的天性，有意义的活动不仅能促使学生良好品格的形成，陶冶情操，促进智力发展，也有助于培养学生的创造才能，我相信组织活动，使活动更丰富多彩，才能使口语训练更有实效性。

案例：教学《我多想去看看》一课时，课后要求学生展开想象说一说、写一写"我多想……"，很多同学只能用一句话写出自己的心愿，但是这显然不够。为了让学生多说，我创设了活动情境，让学生在情境中"我口说我心，我手写我口"。同时，我还让学生们再读读老师给的思维导图和补充的诵读材料，模仿课文的一个小节来说一说自己的美好心愿。

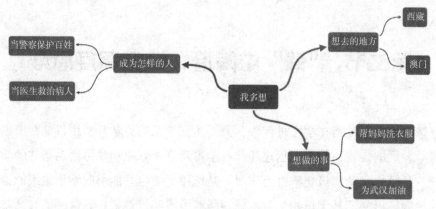

图6-1 "我多想……"思维导图

我出示思维导图（见图6-1），让学生走进生活、观察生活，在今年特殊的战"疫"中，了解英雄，赞美英雄，学习英雄！从而激发学生情感，展开联想，进入深度思维。

（1）我多想成为什么样的人……

（2）我多想去的地方……

（3）我多想做的事情……

语文课堂上，我们必须打开学生情感的闸门，让人性化的生活款款步入课堂，让真情在课堂恣意流淌，所到之处必将鲜花盛开、风光无限。

第三节　"对话"中创造，生成多向思维

21世纪，社会的进步与发展是快速的，创造型人才是社会发展的最终需要。我们教学工作者势必要与时俱进，在教育这片广阔、肥沃的土地上，培养更多具有创造性思维的人才。

多向思维是创新思维的精髓。学生多向思维能力的培养，有助于发散学生的思维，培养学生思维的深刻性、广阔性、灵活性及独创性。在小学语文教学中，教师要注重学生多向思维能力的培养，立足教学实际，选择有效策略，引导学生开展多向思维，要还给学生一个交流的课堂，实现文本对话、师生交流和生生交流。要给学生一个开放的课堂，教学不仅是一种告诉，更多的是学生的一种体验、探究和感悟，让课堂真正焕发出生命的活力。

《义务教育语文课程标准（2011年版）》明确提出："写作要感情真挚，力求表达自己对自然、社会、人生的独特感受和真切体验。"如果学生连说真话的勇气都没有，我们很难要求他在作文中有所创新，只有敢于说真话、讲实话，才能谈创新。因为只有学生把写作当作一种需要，把写作当成自己宣泄情感、体现价值、放飞理想、表达真善美、鞭笞假恶丑的舞台时，学生的内驱力才能调动起来，智力中潜在的东西才会涌现，创造性才会得到充分的发展。然而，现实情况是，学生的作文长期以来形成了一种"假大空"的不正之风。

事实上，作文教学很难，老师难教，学生难写。虽然语文的教学任务很重，可我绝不会以此为借口，松懈作文的教学辅导。

案例：我在讲授"看新闻图片写故事"习作课时，从学生的多向思维入手，上课伊始，我创设了游戏活动。游戏激趣法可以激发学生的想象力，提高兴趣，调动积极性和主动性，启发他们的多向思维，实现文本对话、师生交流和生生交流。将游戏融入作文训练中，教学生玩中写作，写中再现玩趣，让学生觉得作文其实是一件稀松平常的事，还给学生一个交流的课堂。

师：同学们，我们来玩个游戏。你觉得下面这六幅画中，哪幅画特别有意

思，给我们留下巨大的想象空间（见图6-2）？请同学们先在组内说，再向全班汇报你的想法。

你说我说大家说

图6-2　新闻教材图

　　教室里顿时活跃起来，学生们兴致勃勃，纷纷表达自己的想法。有的说第一幅，有的说第五幅，但更多的同学猜到了第四幅画图，因为第四幅图的圆圈和问号的确令人产生无限的想象。

　　让学生把看到的、听到的、想到的、感觉到的用自己的话尽情地表达出来，这样，学生有话可说、有情可抒、有感可发，再也不觉得写作文是一件痛苦的事。此时的课堂成为学生激情燃烧的动感区，是学生求知、创造、展示自我、体验成功的平台，是学生健康成长的所在地。课堂上，教师巧设问题情境，于无疑处生疑，利用图文并茂的讲解，给予学生启发。教师可以通过生活情境创设和问题激发，让学生在对话中生成多向思维，从而发掘和发展学生习作的悟性和灵性。

第四节　"言"中内化，践行深度思维

语文课是在教师的精心指导下，让学生通过对典型言语作品的剖析、玩味和模仿，在丰富多彩的言语实践中，不断内化多种营养并较为成功地外化为各种言语作品，逐步形成能够独立听说读写的言语能力，并运用于广泛的社会生活的言语行为之中。

案例： 我在教学生创编童诗时，制作了微课"牵着梦，走进诗歌殿堂"，让学生自主学习，创编新诗。

（1）滴水见阳光。"一粒沙里看出一个世界"，小小的事物也可能是一个广大的天地，你也能"看"出来吗？

例：一朵野花在荒野里／开了又落了。

一棵小草（　　　　　）

一滴水珠（　　　　　）

一张白纸（　　　　　）

（2）师法自然。走进大自然，了解大自然中万事万物的特点，用下面的句式写话。

例：蜜蜂教我，莫要浪费时光。

（　　　）教我，（　　　　　　　）。

（　　　）教我，（　　　　　　　）。

（　　　）教我，（　　　　　　　）。

随后教师点拨："同学们，把你们填写的优美语句连起来，加上适当的标点符号，就是一首有趣的儿童诗啦！""作诗原来这么简单！"学生在不经意的遣词造句中学会了作诗，甭提多高兴了！

要锤炼学生的深度思维，需要积极营造"认知冲突"课堂，构建"互动生成"课堂，让语文课弥漫独特灵性的语文味，教师要会穿针引线，巧妙点拨，以促进学生思维的碰撞，在各种言语实践中培养学生的语感，发展学生的言语能力，得到语言的升华和灵性的开发。希望教师们都能为学生的后续发展积蓄力量，让精彩的课堂滋养孩子们的核心素养，彰显生命的永恒与活力！

第七章 让学生的思维熠熠生辉

课堂教学是教与学的统一，不仅具有传递知识的属性，更具有启迪智慧的责任和使命。它是一种通过知识引导人的智能成长的艺术，是人对人智慧的引导、激发和唤醒，是人们心灵的体操和精神的交流与对话。课堂教学要体现对知识的热爱和追求，更要体现对智慧的热爱和追求。因为课堂的真谛在于将知识转化为智能，使文明积淀成人格。

但是，纵观现时的课堂教学，有两种误区：一是"满堂"现象。就是通常说的"满堂灌"。它反映教师忽视学生的主体地位，师生关系错位。二是"哄堂"现象。即频繁提问，同一回答。这种教学习惯不利于学生发散思维和创新能力的培养。那么，如何让学生的思维在语文教学中闪光呢？

第一节　诱发好奇，萌发学生的创新思维

好奇是创新的使者。爱因斯坦说过："思维世界的发展，在某种意义说，就是对好奇的不断摆脱。"好奇心是小学生的天性，它可以促进学生深入细致地观察与思考，尤其表现出对于好奇的疑难问题能够主动思考、大胆探索。这种可贵的进取精神正是培养学生创造性思维必须具备的。因此，教师应该倍加爱护学生的这种好奇心，创设问题情境，提出难度适中而富有启发性的问题，引导他们自己去发现、自己去求知。

案例：2005年我有幸到香港参与"香港语文教师与内地语文教师交流计划"，当时我是到香港进驻学校做语文教学顾问，每周要进入三所不同的小学进行教学交流。每天，我们的工作是到各所学校去做语文教学支援，上示范课、观课、教研是我们的常态。

我曾经在香港罗陈楚思小学观摩一位香港老师上的一节课——《香港名字的由来》，这位老师在培养学生的创新思维上有绝招。

上课伊始，教师就引入了实物——香木，让学生从摸、闻香木的活动中了解到香木的特点。

教师出示了课件——现在的香港与过去的香港的景色图片，教师利用课件出示英国人取水的地方。昔日香港和现在香港的分别，生动有趣的图片，激发了学生的学习兴趣。学生立刻进入教师创设的情境中。

随后教师又继续激发学生的想象空间追问："看了过去的香港与现在的香港，你觉得有什么不同？"学生发言很热烈，纷纷说出自己的不同见解。

师："你们知道香港的名字是怎么来的吗？"这一问激发了学生的好奇心和求知欲，学生主动去读书、去探索、去感悟，并在探究过程中获取新知，萌发了创新的意识。在小组交流中，学生纷纷表达了自己的想法。

整节课，教师在教学中注重了课本知识的拓展，培养学生的思维能力。

第二节 鼓励质疑，激发学生的创新兴趣

质疑是创新的萌芽，质疑是人类思维的精华，拥有创新能力的人必须具备敢于质疑的精神，因为创造的起点是从问题开始的。学起于思，思源于疑。学生的积极思维往往也是从疑问开始的，有疑问才能促使学生去探索、去创新。陶行知先生有这样的诗句："发明千千万，起点在一问。……人力胜天工，只在每事问。"这有力地说明了"问"的重要性。心理学研究也表明：疑，最易引起思维的不断深入。因此在教学中，教师要热情地鼓励学生积极思考，大胆地提出疑问。

案例：教学《狐狸和葡萄》一课，老师出示了题目以后，便问："看了这个题目，你能提一个问题来考考别人吗？"在教师的启发引导下，学生提问："狐狸在哪里见到葡萄？它吃到葡萄了吗？"……正因为教师善于激发学生质疑问难，促进学生思、疑、问、悟的结合，才使他们变得积极、主动，激起探求新知的欲望，迸发出创造的思维火花。

附：教学设计，导学案

内地与香港中国语文教师交流及协作计划（2005—2006）

学校：圣嘉禄学校

校本课程设计：导学案

年级：三年级

表7-1　教学过程表

篇章名称	《狐狸和葡萄》
教学目标	1. 通过讨论，知道以诗歌形式来表达寓言故事，能提高读者的趣味 2. 通过各种朗读，体验本文特色 （1）用叠词，增强语感 （2）有押韵，增强节奏感，让学生感受唱歌的乐趣 3. 通过分组讨论，寻找解决难题的方法
学习重点、 难点分析	1. 学习重点 （1）体验故事人物的心理变化，投入地朗诵 （2）感悟理解课文，并替故事主角寻找解难的方法 2. 教学难点 要一步步引导学生明白并且否定本课文的伏线——"吃不到的葡萄是酸的" 这个负面想法是难题
教学准备	1. 儿歌集 2. 建议可供狐狸解难的图片 3. 课件
教学流程	1. 复习与导入新课 （1）课件：播儿歌课件《火车钻山洞》《外婆桥》 （2）温故知新：以上儿歌有叠词、押韵，节奏感强，带出诗歌的特点 2. 朗读感悟 提示朗读时要注意的要点，给予评赏 （1）教师朗读第一诗节 （2）学生朗读第一诗节，感悟葡萄既香又甜，极具吸引力，读后同学们给予赞赏和批评 （3）教师朗读第二诗节 （4）学生朗读第二诗节，感悟狐狸采不到葡萄的焦虑，读后同学们给予赞赏和批评 （5）教师朗读第三诗节 （6）学生朗读第三诗节，感悟葡萄高挂，令狐狸不知所措 （7）教师朗读第四诗节 （8）学生朗读第四诗节，感悟狐狸那"吃不到的葡萄是酸的"酸溜溜心态 3. 深究 （1）分组讨论：建议狐狸解难的方法 （2）口头汇报 （3）总结：大家应该积极面对困难

第三节　开放教学，开拓学生的创新思维

新课程标准提出了"以学生发展为本"的理念，这就要求我们教师要创造有利于学生生动活泼、主动发展的教育环境，给学生提供一个充分自主的发展空间，在动手、动口、动脑中求异创新。课堂上，只要我们大胆放手，就能开拓学生的创新思维。

（1）课前放手，让学生自己选择预习、查数据的方法。如香港潮商学校的许老师上《登鹳雀楼》一课，课前，教师让学生自己预习寻找有关的诗词背景资料，使得学生在探索新知的过程中主动去发现问题，从而激发了学生自主学习的潜能。

（2）课堂上放手，让学生自主读书。课堂教学中，教师要在"放"中让学生主动融入阅读情境，感受语言的神奇瑰丽、内容的丰富多彩、内蕴的意味绵长，得到美的享受、情的熏陶。新的语文教学，更应让学生在朗朗的读书声中，用心灵去拥抱语言，和作者做心灵的直接对话，在思维和情感的强烈震撼中领会作者伟大的人格、深邃的思想和美好的情操。有句话说，"没有朗读的语文课不是美的语文课"，那么，如何让学生自主朗读呢？有小步轻迈——层次细腻，角度精细——过程生动，听谈结合——形式活泼，有引有读——重点突出，以读带析—— 一石双鸟，一词经纬——体味深刻，酿造氛围——激动心灵，顺势生发——内容丰满八种技巧。

香港圣公会德田李兆强学校的李老师就是用这些技巧来培训学生的自主读书能力，以督促学生思维发展的。

附：教学设计，导学案

校本课程设计——导学案

教育统筹局　语文教学支持组

学校：香港圣公会德田李兆强学校

年级：3D班

教师：李玲老师

表7-2　教学过程表

篇章名称	《大海的幻想》
教学目标	1. 欣赏诗歌富有想象力的描写 2. 感受诗歌的节奏 3. 发展学生思维及语言表达能力 4. 学习排比句的写法及拟人法 5. 学习句式"……会不会……"
学习重点	1. 认识本文生字的形、音、义，理解新词并加以适当地运用 2. 学习写排比句 3. 学习拟人法
教学难点	朗读的时候有节奏感
教学准备	
课时	2课时
教学流程	第二节 1.引起动机，揭示课题 轮读课文——选最好的一组 2.朗读课文 （1）引导学生找出排比句 （2）以朗读的方法，去处理排比句（一句比一句强） （3）以朗读的方法，去处理疑问句（疑问的语调） （4）引导学生用动词去带动感情 （5）学生在自己的座位上朗读全文 （6）请有信心的同学范读

续　表

篇章名称	《大海的幻想》
教学流程	3.课文深究 （1）引导学生找出大海的心情（快乐、有希望、有爱心） （2）第二、三段有什么意思 （3）为什么大海有这个行为（拟人法） 4.总结 （1）请说出本文的主旨（大海有宽阔的胸襟、温暖的怀抱、给人以力量和希望） （2）你猜船、海鸥、夕阳会带回什么 （3）试以自己的答案续写本诗的第五节

李老师就运用了这些技巧，让学生通过充满激情的朗读活动感知言语，感受声律，体味词句，领会情感，品味意境。

（3）课后放手，让学生去扩展。课堂教学结束后，学生掌握知识的过程并没有结束，应当让学生在生活中进行语文实践活动，使他们可以去积累、去感受。

案例：在讲《我认识你吗？》一课时，教师在课堂上紧扣人对世界的四种感情为切入点，引导学生运用正确的方法有目的地自主阅读，读、想、说相结合，充分展现学生、文本、教师之间的多元对话。教师善于创设语表情境，引导学生以读为本，读中引发联想，读中感悟思想感情，读中积累语言。最后，师生创作诗节，表达对未知世界的感情，既是师生对文本解读的呈现，又是师生情感宣泄的高潮。这样的语感教学能实现语文学科工具性与人文性的和谐统一。

附：精彩片段

师生创作诗句

师：这是一篇说明文，品读课文后，我们会觉得课文有散文的节奏感，让我们一起来读这个诗节。

教师出示课件，引导学生边读边创作诗句：

克服恐惧

我们变得勇敢

心存敬畏

我们变得谦虚

因为好奇

我们追求知识

因为向往

我们学会深思

勇于探索

我们顽强成长

善于＿＿＿＿＿

我们＿＿＿＿＿成长

师：一节课的时间在你我的人生中是短暂的，但我逐渐认识、了解了你们，你们是一群活泼可爱、善于思考的孩子，将给我留下美好的回忆。我是个怎样的人？希望我们还有机会相遇、相知。

教材只是一个例子，教师积极引导学生联系自己身边的生活，学会观察、学会思考、学会感恩，读写结合，在积累和运用中提高学生的语文素养，才能提升学生的创意思维能力。

第四节　营造氛围，培养学生的创新能力

　　课堂教学不是"教"创新，而是提供、营造一种条件和环境，能够充分发挥学生学习的主体性和自主性。

　　"环境造就人"，平等、和谐、宽松的教学氛围能使教学变为师生相互交流、共同探讨的活动，充分调动学生的自主性，充分发挥学生的主动性和独创性。在教学过程中，教师要引导学生多思、多想，鼓励学生大胆发表自己的见解，提倡标新立异。因此，必须把课堂真正还给学生，让学生自主参与教学活动，课堂教学就是让学生自己感受知识的真谛，自己去寻找问题的答案，在自己求知的过程中得到启迪。而教师作为主导者，则要循循善诱，启发学生从多角度、多方面进行大胆尝试，勇于创新，提出合理、新颖、独特的解决问题的方法，这样有利于激发学生的求知欲，有利于发展学生的创新思维。

　　案例：圣嘉禄学校邓主任的《采桑子》一课，教师就创设了让学生发挥创意思维的情境，培养学生的创新思维。

　　师：辛弃疾说"少年不识愁滋味"，那么，你们知道快乐的滋味吗？若有一种叫"乐"的饮品，你猜会是怎样的？请你们分组设计一种饮品或食品，代表以下其中一种感觉：欢喜、快乐、悲哀、忧愁、愤怒、兴奋。于是，学生按照自己的基础和习惯、水平和能力，去读、想、做、说、议、画，通过动手、动脑、动口等自主活动，独立发现问题、解决问题。

图7-1　圣嘉禄学校
邓主任的《采桑子》课堂

　　本节课，学生的学习积极性很高，人人积极动脑、踊跃尝试（见图7-1）。这样通过让学生玩中学、学中乐、乐中多收获，激发了学生主动学习的火花，增强了学习兴趣，培养了创新能力。

第五节　启发想象，促进学生的创造性思维

爱因斯坦说过："想象力比知识更重要，因为知识有限，而想象力概括世界的一切，并且是知识的源泉。"在语文教学中启发想象是发展思维的有效途径。

根据语言文字想象，注重思维的培养：小学语文中许多文章是文质兼美的，要使学生充分理解其意境，可让学生根据语言文字让学生创作成画理解。

案例：海怡宝血小学

1. 课题

《糊涂的小画家》

2. 教学重点

（1）认识部首"米"，并运用此部首去拓展生字。

（2）学习句式"……有……有……还有……"及"如果……就……"并运用。

3. 教学目的

（1）认识本文生字的形、音、义，理解新词并加以适当运用。

（2）认识部首"米"，并运用此部首去拓展生字。

（3）学习句式"……有……有……还有……"及"如果……就……"并运用。

（4）正确、流利、有感情地朗读课文，初步理解课文内容。

（5）培养学生辨别能力，训练学生自读自悟、质疑问难的能力，发展学生思维及语言表达能力。

4. 学生已有知识

（1）知道怎样的人叫作画家。

（2）知道早上太阳从东方升起，晚上从西方落下。

（3）知道月亮和星星只在晚上出现。

5. 预见困难

（1）老师花了不少课堂时间去管理秩序，学生才能安顿下来。

（2）大部分学生边读边画生词。

（3）分组活动时，学生未能完全积极投入。

（4）要学生单一拍手的模式可能会沉闷，教师也难以调动班内的学习气氛。

6. 解决方法

（1）为了扩大课堂容量以争取教学时间，不必要的事留待课后解决。

（2）设立组长，让分组活动时有带头作用及纪律监督，也易于小组意见沟通。

（3）用新鲜巧妙的形式来控制班内的学习气氛，如：①喊口号"眼睛亮晶晶望黑板，一二三坐端正"；②新玩意儿：寻宝盆（在有目的的情况下通过抽奖的形式来奖励学生）。

7. 评估项目

（1）口头评估。

（2）课堂观察。

表7-3 课堂观察内容表

教学内容/活动	教学资源	所需时间（分钟）	备注
以读带讲，读中感悟 1.多读几次课文，看看读懂了什么 把不懂的画出来（引导用课文回答，提问画不出来的学生见人家画出有何感想） 读一读、想一想、说一说、问一问 老师提出重点问题（引导学生思考文章中的问题，给予学生口头鼓励）		7	
2.把喜欢的词语画下来，读一读		2	
3.学习句式"……有……有……还有……"及"如果……就……"并运用 （1）图画里有山、有海，还有高高的楼房 （2）如果天空中有星星、月亮，就不可能出现太阳了（表示假设关系，指出前边要用"如果"，后边要用"就"）	分小组，给予地点（玩具反斗城、麦当奴）用"……有……有……还有……"造句	20	
4.回归整体，有感情地朗读课文 读课文有何收获？明白了什么？（老师综合小结）		3	

续 表

教学内容/活动	教学资源	所需时间（分钟）	备注
5.拓展延伸 （1）将之前画好的画拿出来，讨论怎样才画得对？向学生讲解画得较差的画 （2）把画的内容用时、人、地、事讲出来，要求讲话要完整 （3）进行写作，完成想象作文，按图画进行段落写作	活动工作纸	8 5	

第六节　创设想象情境，促进思维的发展

怎样创造学习的情境性呢？最常用的方法是让学生从图片或者影视资料中观看和学习内容相关的图画或者影像。如，我在香港仁济医院罗陈楚思小学上的一节拼音课，就采用了情境创设来促进学生的想象思维，从而达到让学生乐学、活学的效果。

内地与香港中国语文教师交流及协作计划

教育统筹局　语文教学支持组

校本课程设计——教案

学校：香港仁济医院罗陈楚思小学

年级：三年级

教师：江晓明老师

表7-4　教学过程表

篇章名称	《ie、üe、er》教学
设计理念	这堂课，学生基本上是在编儿歌、讨论、自学中度过的，老师有效地激发了学生的学习兴趣和学习积极性，训练了学生的口头表达能力和思维能力，本着以旧带新的原则，扩大学生的学习容量和知识面，有效地提高了教学效率 1. 形式多样激发兴趣 本堂课能根据教学内容，采取灵活多样的教学形式与方法，如编儿歌、做游戏、课件展示，进一步激发学生的学习兴趣 2. 训练思维发展语言 本堂课利用小组合作学习，老师与学生谈话交流，充分发挥想象力，走出了为教拼音而教拼音，把拼音教学与语言学习割裂开来的误区，进一步训练学生的思维，丰富了语言积累，这也是新教材对语文教学目的的基本要求之一 3. 教给方法熟能生巧 在拼音教学中，注意教给学生声韵成音的方法，使之达到自主学习拼读音节的目

续 表

篇章名称	《ie、üe、er》教学
设计理念	的，并形成能力，提高识字和学习普通话的效率，发挥汉语拼音多功能的作用 4. 创设情境学以致用 教师适时创设情境，让他们能用上所学的拼音知识，体验到获取新知识后的成就感，并再次激发学生的学习欲望。让学生读一读、说一说，还可以跳 跳、演一演，这样既符合儿童特点，又加强了汉语拼音学习的实效性
教学目标	1. 学会复韵母ie、üe，学会特殊韵母er及其四声，读准音，认清形，能在四线三格中正确书写 2. 学会拼读带有复韵母ie、üe的拼音，掌握ü上两点的省略规则 3. 学会整体认读音节ye、yue 4. 能够自己拼读诗歌，做到词语连读
教学重难点	1. 学会复韵母ie、üe和特殊韵母er的音形，并能正确书写 2. 正确区别韵母ie、üe和整体认读音节ye、yue的用法
教学方法	启发引导法、创设情境法、激趣法等。从儿童的学习兴趣出发，引导学生采取温故知新、自主探究、合作学习的方式
教学准备	教学课件
课时	2课时
教学流程	
第一课时	1.检查复习，温故导入 师：小朋友们，我们已经认识了六个复韵母朋友，老师看看同学们把它们忘了没有（ɑi、ei、ui、ɑo、ou、iu，开火车读，教师及时纠正错误读） 师：同学们，我们今天再来认识三个新的复韵母朋友 2.知识探究，合作学习 （1）学习复韵母ie 师：同学们，说说图上画的是什么（课件展示，出示椰林绿叶图） 生：是椰树 这样训练学生的口语表达能力，使学生的观察与口头表达相结合 师：（课件展示，出示复韵母ie）这是我们今天认识的第一位朋友，谁会读（多指名读，让读得好的学生带全班齐读） 师：同学们仔细观察这个复韵母，谁能想个好办法记住它的样子和读音 生：单韵母i和e连起来写就是ie 生：编一首儿歌：椰树，椰树ie ie ie

续 表

	教学流程
第一课时	师：（课件展示，在ie的下面出示生字qié zi jiě jie茄子姐姐）谁能拼一拼这组生字？这一教学环节把声母和韵母相拼的过程生动地展现在学生面前 （2）学习复韵母üe 师：小狗跑哇跑，一直跑到晚上，天空中出现了什么（课件展示，深蓝色的天空中升起了弯弯的月亮），你们看天上的月亮像什么 生：像小船 生：像香蕉 生：像一个月饼被小狗偷吃了一半（学生充分发挥自己的想象力） 师：今天我们认识的第二位朋友就是üe 师：小朋友们，下面以小组为单位讨论一下怎样记住üe，看哪个小组的办法最好 学生进行自主探究学习，以"看谁的办法最好"来激发他们的竞争意识，从而达到最好的学习效果。讨论学习后，每一个小组选一名代表汇报学习情况，特别是关于üe的儿歌内容更加丰富，对把儿歌说得又对又长的小组给予鼓励 小朋友们根据字音、字形自己编儿歌 关于üe的儿歌："约，约，约，约会的约。""月，月，月，月亮的月。""乐，乐，乐，音乐的乐。""越，越，越，越来越多的越。" 师：（课件展示，在üe的下面出示生字yuè liang xuě huā月亮 雪花）谁能拼一拼这两组生字 （3）üe与n、l、j、q、x的拼读 ①学生试着拼一拼 ②你发现了什么？复习ü上两点省写的规则 师：这时，草地上又跑来了小兔，它想和小狗做朋友（课件展示，草地上跳来一只小兔，在小兔下面出现要拼读的音节），谁来拼一拼 师：小朋友们仔细观察这些音节，有的üe上面的两点没有了，为什么 生：j、q、x，小淘气，见了鱼眼就抹去 师：你们观察得仔细极了，而且以前学过的知识你们掌握得也很好 锻炼了学生的观察能力，使学生轻松、愉快地复习了以前的知识 （4）学习复韵母er 师：小朋友们，我们摸一摸自己的小耳朵，说说小耳朵都能帮我们干什么 生：听声音 生：听故事 生：听老师讲课等 师：我相信同学们的小耳朵都能认真听老师讲课 这一激励性的口头评价，渗透了对学生的课堂常规教育

	教学流程
第一课时	师：大家一定非常着急，想知道我们的第三位朋友是谁，对吗？它就是耳朵的er（课件出示er），谁愿意告诉老师怎样记住它的样子和读音 生：（略） 师：（课件展示，带四声调号的er）因为这是一个特殊韵母，所以不与声母相拼，自成音节，我们一起来拼一拼（学生齐读） 关于er的儿歌："儿，儿，儿，儿子的儿。""而，而，而，而且的而。""耳，耳，耳，耳朵的耳。""二，二，二，一二三的二。" 师：（课件展示，在er的下面出示生字儿童 二胡，谁能拼一拼这两租生字 同学们，今天我们认识了三位新朋友，特别高兴，再来读一读。下面，老师和你们一起做一个填空的游戏，请你们仔细听一听，老师读的是什么，就把卡片取出来，高高地举起。咱们比一比、赛一赛，看谁听得清、找得快（老师随机抽读复韵母，看谁能又准又快地在自己的卡片中找到，并大声读出来） 这个小游戏使拼音学习与识字相结合，激发学生学习的积极性 3.复习巩固 （1）ie、üe的整体认读音节 ①学生尝试拼读 ②师小结：ie和ye读音相同，ie是韵母，e前是小i；ye是整体认读音节，e前是大y。üe和yue读音相同，üe是韵母，yue是整体认读音节。y和üe组成音节时，ü上两点省去 （2）学习ie、üe、er的四声 ①板书 iē ié iě iè yē yé yě yè（整体认读音节） üē üé üě üè yuē yué yuě yuè（整体认读音节，ü上两点省写） ②自己试着读一读 ③借助平时口语中的发音读准四声 ④选择其中的声调进行组词，帮助巩固发音 4.活动游戏 同学们，今天我们认识了三位新朋友，特别高兴，再来读一读。下面，老师和你们一起做一个摘苹果游戏。咱们比一比、赛一赛，看谁听得清，找得快 课间休息：放一段《少儿迪斯科》，所有学生跟着音乐扭一扭、跳一跳

教学流程	
第一课时	5.指导书写 指导书写ie、üe、er （1）说说ie、üe、er三个复韵母的组成 （2）它们在书写时应占什么格 （3）学生自己试着在四线三格中进行书写，教师巡视，纠正书写姿势、执笔方法。教师提醒学生两个字母要写紧凑 6.总结升华，拓展延伸 今天我们学习了三个复韵母ie、üe、er，学会了拼读，又编了儿歌，同学们表现得也很棒，老师相信在今后的学习中，同学们会表现得更出色。课后，小组到语文书中或学校图书室找带有九个复韵母的字，学会它，看哪个小组学得最多，语文活动课，咱们比一比
第二课时	课时目标 （1）复习巩固复韵母ie、üe、er （2）能够看图说话 （3）能够自己拼读诗歌，做到词语连读 （4）认识八个生字，并能在一定的语境中使用 1.复习检查 （1）听老师读音节，说说韵母是什么，是第几声 写xiě、谢xiè、雪xuě、学xué、耳ěr （2）找整体认读音节 把拼音卡片ie、ye、üe、yue、er放在黑板上，指名学生找整体认读音节，并领读一遍 （3）拼读音节 2.拼读üe构成的音节，使学生掌握ü上去点的规则 （1）n——üe——nüe、j——üe——jue、l——üe——lüe、q——üe——que、x——üe——xue（复习j、q、x碰上ü，两点省略规则） （2）练习lüe、nüe、jue、que、xue的四声，并组词 lüè（掠夺）　lüè（简略）　nüè（虐待） juē（撅起）　jué（感觉）　qué（瘸子）　juè（倔强） 3.巩固练习 （1）比一比，读一读。完成做一做 ie——ei、ei——er、iu——ui、ie——üe （2）读一读，用音节口头组词 yē椰子　yé爷爷　yě田野　yè树叶 ér儿童　ěr耳朵　èr一二三四

教学流程	
第二课时	（3）游戏："看谁听得清，找得快"。拿出自制的复韵母卡片，老师找一位同学读韵母，看谁找得又快又准 4.读儿歌练习拼读音节，看图说话 （1）看教材插图，说说图上画的是什么？他在干什么？你能看图说几句话吗 （2）出示诗歌《静夜思》，请学生试着拼读 ①读同学们用手指着，看着音节自己读一读 ②你会拼读哪些音节，做做小老师带着大家读一读 ③教师带读红色的音节（范读、指名读、"开小火车"、齐读） ④在老师的指导下试读诗歌（以词语为单位，做到词语连读） ⑤有感情地朗读诗歌 5.学习生字 （1）卡片抽读认过的生字 （2）出示生字：静夜思 茄子姐姐 月亮 雪花 儿童 二胡 这些生字，你认识吗？你是怎么知道的？不认识的，你有什么好办法能把它们记住 （3）扩词练习，谁能给这些生字找找朋友 6.总结 师：这节课你有什么收获？你还想知道什么 7.板书设计 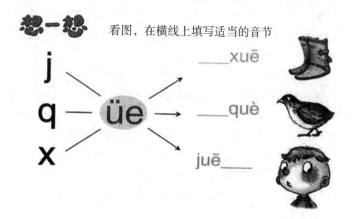

整节课，我通过看一看——发现规律，演一演——认识字母，说一说——口语表达（见图7-2），让学生在观察、质疑、探索、交流、互动中，学会思维、学会学习、学会表达，让思维在学习中闪光。

图7-2 江晓明老师《ie、üe、er》教学课堂

换言之，课堂上我们必须尊重学生、相信学生，让学生拥有属于自己的发展空间，去发现、去探索、去思考、去交流、去创造。教师要以学生的发展为本，要善于发现学生思维的闪光点和与众不同的创新火花，鼓励学生大胆探索，发挥出他们的最大潜能，从而培养学生的创新思维能力。

第八章　常见思维的整合应用

《义务教育语文课程标准（2011年版）》在"课程目标与内容"中明确指出："语文教学应在发展语言能力的同时，发展思维能力。"2018年9月10日，中共中央总书记、国家主席、中央军委主席习近平在全国教育大会上指出："要在增强综合素质上下功夫，教育引导学生培养综合能力，培养创新思维。"发展思维能力是语文素养综合评价的标准之一，可见培养小学生思维能力的重要性。

为此，我们广东省江晓明名师工作室开展了以"促进小学生语文创新思维力提升的研究"为主题的课题实验研究。现将我们工作室研究的阶段性成果呈现给大家，意图进一步探讨研究。

第一节　培养小学生思维能力的误区

一是大部分教师对"思维"这个概念很模糊，没有培养学生思维能力的意识。在应试教育的影响下，大部分教师只关注知识本身，尤其是关注知识的准确性。当下的教育，教师不仅要备课、改作业、管理班级，还要应对学校繁杂的社会事务，工作时间紧凑，工作量大，根本抽不出身来思考教育的发展。所以，教师对教育缺乏学习的时间和思考的空间。

二是没有明确的思维能力培养目标。新课程标准仅指出了培养学生思维的重要性，但没有明确每个学段的培养目标，这给许多教师带来了不少困扰。学生掌握知识的程度就是教师制定教学目标的标准之一。极少有教师会把培养思维能力设计到教学目标中，导致教师和学生只关注知识本身，没有系统培养学生的思维能力。

三是教师缺乏培养思维能力的有效教学策略。教师对学生的认知规律、思维过程、知识的形成缺乏科学认识，导致教学活动的设计、教学理念的设计及教学方法的选择不能遵循学生的认知规律，限制了学生思维能力的发展。小学是培养思维的关键期，如果学生思维能力长期受限，日后将难以培养其深刻的思维品质。可见，帮助教师提高思维能力的理论知识，为教师提供培养思维能力的有效策略，是多么重要。

第二节 小学语文与思维训练的实践意义

小学阶段是小学生语言和思维发展的关键时期。用语言发展思维是语文学科最有效的方法之一。思维的发展是智力的发展，对培养学生健全的人格、培养全面发展的创新人才具有重要意义。

著名心理学家皮亚杰认为，认知（思维）决定语言，而不是语言决定认知。语言的发展取决于认知的发展。在发展的初级阶段，人类只有思考却没有语言，思维发展到高级阶段就与语言有密切关系。后经心理学家研究发现，认知（思维）和语言交互作用。

一、引导学生活跃课堂气氛，激发思维的趣味性

活跃的课堂气氛有利于激发学生思维的积极性，有利于知识的自然生成，提高教学效果。教师可以通过挖掘知识本身的魅力，根据文本特点和学情设计问题，引导学生大胆地去思考，在反馈学习效果的过程中，捕捉良好的教学契机，让学生体会知识的有趣性，从而活跃课堂气氛，调动学生的思维积极性。

托尔斯泰说过："成功的教学所需要的不是强制，而是激发学生的兴趣。"假设我们现在要教学部编版教材一年级语文识字单元《大小多少》一课的内容：黄牛、猫、鸭、苹果、杏、桃（见图8-1）。根据一年级学生的思维特点，图片有利于激发他们学习的欲望和兴趣。我们把这些抽象的文字视觉化，转成图片，制作成PPT，在课堂上，学生们渴望举手朗读，敢于表达自己，充分调动学生的形象思维。

图8-1　一年级语文识字单元《大小多少》

二、引导学生敢于面对困难，培养思维的探索性

新时期，我国小学生生活在一个和平的时代。他们无忧无虑，缺乏劳动环境。很多学生养成了惰性，不敢面对困难，缺乏生活的勇气。尤其是在学习上，缺乏探索的勇气和研究的精神。这就要求教师引导和教育孩子从被动变为主动，从"要我学"变为"我要学"，鼓励他们树立面对困难的勇气和信心。

部编版一年级下册的语文园地八"识字加油站"——认识卫生间里物品名称（见图8-2）。

图8-2　一年级下册的语文园地八"识字加油站"

根据美国心理学家桑代克的准备律理论：一切反映都是由学习者的内部状态和外部情境共同决定的。课前，我们布置了一项周末亲子活动：利用周末时间，跟家人摆放、整理卫生间的生活用品。并问一问家人："您在生活中见过哪些盆？"这样的学习活动，一是培养学生的实践能力，二是增强亲子关系，三是发展学生的语言，四是获得生活经验。

根据一年级学生已有的生活经验和思维特点，设计了两个高阶思维问题：一是你在生活中见过哪些盆？你能说一说你心中的盆吗？二是选择两个词语并说一两句话。在课堂上，学生可以与生活联系起来，这样一来，他们不仅积累了词语，还学会了简单地运用。

课后，我又布置了一项亲子作业：一是给牙刷、梳子、毛巾、香皂、脸盆等生活用品贴上名称标签；二是问一问家人："盆"字下面的"皿"是指什么？从实践教学中来看，大部分学生都需要在家长、老师、同学的帮助下排疑解难，从而树立探索知识奥秘的信心，逐步养成思维的探索性。

三、引导学生发现规律，培养思维的发散性

受应试教育的影响，教师要确保学生答题的准确性，在传授知识的时候，没有给学生太多思考的时间、空间，简而教之。这是目前教育的弊端。特别是在语言教学中，教师不应该让学生囿于一隅，而应该让学生调动储存的知识信息，给学生以充分思考的时间、空间去分析、归纳，找出知识的规律性，达到类比、举一反三的学习效果。

教学部编版五年级语文下册《猴王出世》一课时，为了让学生学会阅读古典文学的方法，我们先给学生探索学习的思路。课文神奇的公式：目标→阻碍→努力→结果→意外→转弯→结局。经过自主探索和小组交流学习，学生们很快就归纳整理出下面的资料。

目标：听说谁能进洞不伤身体，众猴拜王。石猴想成为猴王。

阻碍：一股瀑布飞泉，一不留神就会伤害自己。

努力：不担心，胆大，瞑目蹲身，将身一纵，跳入瀑布泉中。

结果：不伤分毫，发现洞天福地，带众猴入内。

意外：众猴光顾高兴，忘记承诺。

转弯：石猴提醒众猴兑现承诺。

结局：众猴拜服，尊石猴为"美猴王"。

经过探索、交流，学生们发现《西游记》不只这个故事是这样，几乎所有的故事都存在这样的规律。有的同学很快就找到了"孙悟空大战红孩儿"的故事规律。

目标：孙悟空要凭自己的本领从红孩儿手中救出自己的师父。

阻碍：红孩儿有"三昧真火"，神通广大，孙悟空不怕火，但怕烟。

努力：与师弟一起救，没能成功；请四海龙王，也没能成功。

结果：没有救出师父，自己还受伤。

意外：师弟提醒他去请观世音菩萨来帮忙。

转弯：观世音菩萨答应帮忙救他师父。

结局：红孩儿成为菩萨座前童子，孙悟空救出师父。

有的同学找到了整本书的规律：一句话形容《西游记》就是"悟空救我"；两句话形容就是"悟空救我""菩萨救我"。

一节课下来，教师落实了单元语文要素和人文要素的教学目标，学生从古典文学语言中感悟人物形象，既学会了阅读古典文学的方法，又培养了思维的发散性。

四、引导学生提问求异，培养思维的批判性

目前，高年级举手发言的学生越来越少，为什么？其实是受应试教育的影响，中低年段的教师让学生大量地死记硬背，囫囵吞枣地吸收，这是最主要的原因之一。

学《梅花魂》（部编版五年级语文下册）一文时，有学生对作者提出异议：文中写外祖父一共哭了三次，没有必要写第二次哭，因为第二次和第三次都是同一件事，在选材上应该有所取舍。这种"不唯书"的学生，我们教师要乐于接受，不搞唯我是从。教《祖父的园子》（部编版五年级语文下册）一文时，我说了这样一句话："从文中，可以看出作者的童年是无忧无虑的。"有的学生认为老师用"无忧无虑"一词不够恰当，应该用"自由和快乐"。可见，学生是可以摆脱"唯书""唯师"桎梏，培养提问思维和批判性思维的。

五、引导学生积累运用，培养思维的灵活性

"积累运用"是《义务教育语文课程标准（2011年版）》强调的语文教学流程，应指导学生正确地理解和运用祖国语言，丰富语言的积累，培养敏锐的语感。中低年段侧重字词的学习积累、词句的运用；高年段侧重句段的积累、句段的运用。

如教学《梅花魂》（部编版五年级语文下册）一文的段落：A.他却不一样，不怕寒冷，不怕风欺雪压，花开得很精神，很秀气。B.他却不一样，愈是寒冷，愈是风欺雪压，花开得愈精神，愈秀气。指导学生抓住"愈……愈……愈……愈……"进行朗读，边读边比较句子的不同，学生很快就学会了用坚定赞美的语气读第二句，并从四个"愈"中体会到梅花不屈不挠的精神。这样的朗读不仅培养了学生的语感，而且丰富了学生的语言。学生解读句子所表达的作者的意思后，再用"愈……愈……愈……愈……"仿写句子，不仅学习了语言的表达，而且培养了思维的灵活性。

六、引导学生研究所以然，培养思维的深刻性

小学生的思维主要是以形象思维为主，他们的注意力往往停留在事物的表象上，这就要求教师掌握容易被忽视、对思维有价值的语言，设计问题，引导学生思维的触角向纵深延伸。

例如：A.背直起来了，我的母亲。转过身来了，我的母亲。褐色的口罩上方，一对眼神疲惫的眼睛吃惊地望着我，我的母亲……B.我的母亲背直起来了，转过身来了，褐色的口罩上方，一对眼神疲惫的眼睛吃惊地望着我……［语出《慈母情深》（部编版五年级语文上册）］教学时，我先出示A句，提出了一个高阶的问题：三个"我的母亲"，表达了什么？由于提出的问题具有深度，学生围绕三个"我的母亲"陷入了深思。在学生感到困惑时，我出示了B句，以读代讲，让学生自己感受朗读节奏，轻重缓急，紧扣语言文字，重在让学生在读中有所发现。就这样，学生们很快在对比阅读中发现，原来这句话表达了"我"对母亲的感激、崇敬和爱。经过这样的训练，学生不仅掌握了反复手法的作用，而且锻炼了思维的深度。

七、引导学生独立思考，培养思维的独特性

脑科学家研究发现，凡是学生所学的知识，没有经过独立思考、内化的知识，都是外在的、不稳定的、难以再现运用的，可见思考是学习的最佳途径。这就要求我们教师要有意识地激发学生的学习动机，培养学生独立思考的习惯。

根据学生这方面的学习需求，我有意识地培养学生"先想再说，先听再说，先想再写"的习惯。学习《梅花魂》后，我让学生完成思维独特性的作业：根据梅花的精神，根据人物的事件进行对话。学完这篇文章，你想对作者，对作者的外祖父，对祖国妈妈分别说些什么？通过文本的学习，通过这种开放性题目的训练，学生学会了独立思考，培养了思维的独特性。

八、引导学生一题多答，培养思维的创新性

在语文教学中，训练学生一题多答，训练学生用不同的方法思考同一个问题。尝试运用不同的处理办法，可以训练发散思维，既培养思维的灵活性，又培养学生创造性思维能力，其实践意义见图8-3。

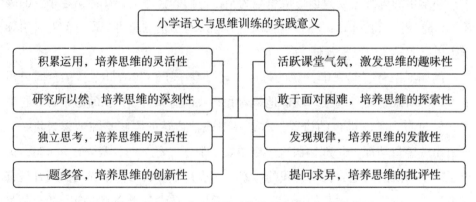

图8-3 "小学语文与思维训练的实践意义"思维导图

教学《蒲公英》（部编版二年级语文上册）时，我出示了这样一段话："太阳公公看见了，亲切地嘱咐他们：孩子们记住，别落在表面上金光闪闪的地方，那是沙漠。也不要被银花朵朵所迷惑，那是湖泊。只有黑黑的泥土，才是你们生根长叶的地方。"

根据二年级学生的思维特点，围绕教学目标，我设计了这样的问题：听了太阳公公的"嘱咐"，你们想把家安到哪里去呢？小组交流汇报。

生：我想把家安在大海里，这样可以看见海上日出。

生：我想把我的家安在蓝天上，这样就可以自由飞翔了。

生：我想把家安在白玉兰树上，与蝴蝶共舞。

生：我想把家安在草原，等待绵羊的出现……

结合文本特点和学情设计这样的问题，帮助学生打通了新旧知识的联结，学生在原有的表象上思考，培养了思维的创新性。

第三节　培养小学生语文学科
思维能力的有效策略

在小学语文课程中，落实思维训练策略的教学，让学生掌握解决问题的方法和路径，提升学生的语言理解能力和独立思考能力。

一、追问策略

提问是教师在课堂上常用的一种教学方法，而追问则是课堂上的一种教学艺术。追问是否有效直接影响学生思维的广度和深度。长时间使用追问，能有效地培养学生动脑思考的习惯，有利于提高课堂教学效果。

有效追问是指学生在回答教师设定问题的基础上，教师根据学生临时回答的内容，再设置与问题内部关联的高阶问题，引导学生进一步探索，从而获取新的知识。

创设情境是有效追问的教学方法，教育大家李吉林、于永正等名师常常使用。第一学段，常用情境演示法、因果法进行追问；第二学段，常用生活情境法、对比法、假设法进行追问；第三学段，常用创设情境法、关系法进行追问。从角度上来说，我们可以从正面、反面、侧面三个角度进行追问。无论使用哪种方法进行追问，教师要善于找到知识和问题的关联，找到追问的切入点，这样才能帮助学生建立问题与思维的联结，达成共鸣，激活思维，提高学生的思维能力。

部编版教材四年级语文上册《风筝》这篇课文主要写了"我"童年时候和伙伴们做风筝、放风筝的情景。理解"翩翩起舞"一词时，可以运用生活情境法进行提问、追问。

师：谁能告诉我，生活中什么东西是翩翩起舞的样子？

生：蝴蝶飞舞的样子就是翩翩起舞。

师：你怎么知道的呢？

生：我们学校的花坛，常常有蝴蝶飞舞。

师：蝴蝶为什么能飞起来？

生：蝴蝶很轻，用翅膀飞起来的。

师：你能归纳解释"翩翩起舞"的意思吗？（课件出示蝴蝶飞舞的样子。）

生：形容轻快地跳起舞来。

例如教学《美丽的小兴安岭》（部编版三年级语文上册）时，我先出示A句式：春天，树木抽出新的枝条，长出嫩绿的叶子。

师：美在哪儿？

生：美在抽出新的枝条！

出示B句式：春天，树木长出新的枝条，长出嫩绿的叶子。

师：我把"抽"换成"长"，你觉得哪个词用得好，为什么？

生："抽"字好。因为"长"字没有写出生长的速度。

师：那么"抽"字写出了什么？

生：写出了树木新的枝条长得很快。

在这个教学片段中，为了把词语教学落到实处，教师运用比较法，紧紧抓住了"抽"字进行提问、追问。借助文本和具体的情境，引导学生展开思考，因此，对"抽"字理解是实在的、透彻的、全面的。让学生在交流中学会欣赏，在欣赏中得到升华。这种理解是具体的、真实的，激发了学生的思维，丰富了他们的想象力。

二、联想策略

联想是想象发展的基础，是智力的重要因素之一。从想象中，爱因斯坦提出了著名的相对论，瓦特发明了蒸汽机，牛顿发现了万有引力定律，诗人卞之琳写下了著名的《断章》……可见，联想是可以发展创新思维的。

小学生对大自然充满好奇，喜欢探索大自然的奥秘。看见蚂蚁，喜欢用手去玩弄一下；看见青蛙，喜欢停下脚步，观赏一下；看见鲜花，喜欢用鼻子闻一下。这些为他们提供了丰富的联想条件。

部编版教材中专家学者就小学生的这一需求，在教材内编排了较多运用比喻和拟人修辞手法的文章，供他们学习。

如讲解《鸟的天堂》（部编版五年级语文上册）众鸟纷飞时，学生读完：
"起初周围是静寂的，后来忽然起了一声鸟叫。我们把手一拍，便看见一只大
鸟飞了起来。接着又看见第二只、第三只。我们继续拍掌，树上就变得热闹
了，到处都是鸟声，到处都是鸟影。大的，小的，花的，黑的，有的站在树枝
上叫，有的飞起来，有的在扑翅膀。"

师：读完这段，你们看到了什么？听到了什么？又想到了什么？

生：我仿佛看到了众鸟纷飞的样子。

生：我好像听到许多鸟在拍打翅膀。

生：我想到了这么多的鸟，一天要吃那么多东西，它们怎样寻找食物呢？

生：我似乎听到了大自然的美妙声音。

教师教学这个片段时，首先以配乐朗诵的形式为学生创设生动的情境，
然后引导学生发展联想和想象，再以小组的形式进行交流和表达；学生将语
言文字所描述的场景、人物和事件进行联想，形成新的形象，促进形象思维的
发展。

三、预测策略

部编版三年级语文上册编排的阅读策略单元，其语文要素就是预测。预
测是语文教学常用的策略，具有趣味性，它能激活学生已有的认知（思维）体
验，激发学生的学习欲望和兴趣，从而激发学生学习的主动性和积极性。

预测策略是指教师或学生根据文本的内容特点，用已有的认知经验提出猜
测的问题，通过"猜测—验证"的方法层层推进学习活动。

按预测的线索来分，可以借助题目进行预测，可以借助教科书的插图进行
猜测，也可以根据故事情节进行猜测，还可以借助转折的词语、过渡的语句进
行预测等。按预测策略的使用来分，可以对文章的内容进行预测，也可以对文
章的结构、语言进行预测。

如教学《总也倒不了的老屋》一文时，教师突出了预测策略的学法指导，
让学生观察图片预测故事的内容，让学生围绕课题预测故事的内容，引导学生
根据已知的故事内容预测下一个内容。如学习完第一自然段的内容，让学生根据
内容预测故事发展的情节。教师还可以引导学生从语言表达的角度做出预测。如
在老屋第三次说"好了，我到了倒下的时候了"这句话的时候，让学生预测故事

发展的情节："一读到这句话，我就知道，一定又有谁来请老屋帮忙了。"

在教学过程中，教师要给予学生思考的时间，提示学生不能随意猜测，应有理有据地预测。这样可以培养小学语文学科思维能力，其策略见图8-4，在实践中可以结合已有的生活经验，根据标题、图片和故事内容预测故事情节和结局。

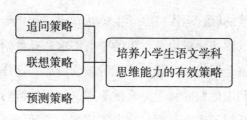

图8-4 培养思维能力的有效策略思维导图

第四节　语文学科与思维训练整合的应用

语文学科与思维的综合运用符合学生的认知规律和年龄特点。整合时，应根据文本特点和思维训练要求以及学生的学情需求选择教学策略，并在此基础上查找网络资源，整合图文、音频、视频等教学资源。这样才能创造一个动静结合的教学情境，利用他们好新、好奇的心理，培养他们的注意力，激发他们的学习兴趣。不仅开阔了视野，而且启发了思维、发展了语言；既培养了他们的合作创新能力，又增长了知识。

教师厘清语文学科与思维训练整合的概念，有利于教学资源的选择和整合，避免滥用教材，浪费时间和精力，实现教育教学效果的最大化。

语文学科与思维训练整合是指根据文本的内容和特点，根据学生的实际需要，整合各种教学资源，运用追问、联想、猜测等策略进行教学，开启学生思维，从而提高教学效果。

一、生字词教学与思维训练的整合途径

生字词是第一学段的学习目标。传统教学使用挂图、生字卡、板书进行教学。当下，使用PPT图片、动画进行教学，这已经是一种进步。但是很多教师仍在用加一加、换一换等简单的教学方法引导学生识字，诱导学生走进了思维的误区。

申小龙的《汉字思维》指出，汉字是对汉民族思维方式的浓缩和继承："汉字以比喻为主体，同时还运用了对偶、借代、婉曲、映衬等修辞格式，思维模式将'世界图式'与物质符号融为一体。"

如教学部编版一年级语文上册《识字4》，我们运用优秀的传统教学理念——字理识字。选择"汉之星"这个软件教学字词，把机械的字词转化成动画，直观形象，让学生了解字源的发展史，并从中体会字义。

教学"日"字时，先让学生观看"日"从甲骨文、小篆、楷书演变的动

画，学生在认知造字过程中展开联想和想象，建立"日"和"太阳"的联结。这样追根溯源、揭示造字规律的教学，符合学生的认知（思维），通过观察学习，强化了学生的形象思维能力。

二、阅读教学与思维训练的整合途径

1. 在明晰文章结构中发展学生的思维

《脑科学与课堂》一书指出：使用思维导图开展阅读教学，符合学生大脑发育特点，能有效地提高他们的学习能力。小学阶段常用的思维导图有概念地图、树状图、树枝图或思维地图。它用一个中央关键词或想法以辐射线形连接所有的代表字词、想法、任务或其他关联项目的图解方式（出自百度百科）。

例如，上《祖父的园子》一课时，以WPS的思维导图为教学工具，引领学生通过情节绳、情节树厘清《祖父的园子》的主要内容和写作思路，有效地提高学生解读文本的能力（见图8-5）。

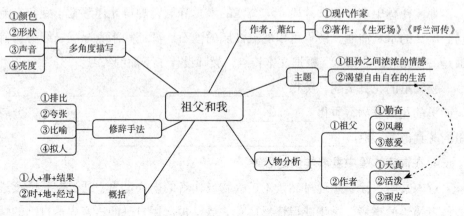

图8-5 《祖父的园子》思维导图

教学实践证明：利用思维导图帮助学生区分层次，厘清思路，解读文章结构，可以有效地提高学生的思维能力。

2. 在品词析句中发展学生的思维

传统的阅读教学侧重分析文本；课改初期的阅读教学重朗读、重理解、重感悟；当下的阅读教学，百花齐放，却迷失方向。著名教育家于永正、程少堂等呼吁阅读教学应回归自然，重视朗读、品读，突出思维训练。

如教学课文《一个小村庄的故事》第一自然段："山谷中早先有一个美丽

的小村庄。山上的森林郁郁葱葱，村前河水清澈见底，天空湛蓝深远，空气清新甜润。"首先，让学生阅读课文，感受小村庄的美丽，然后师生合作，朗读课文。在品读中，体会"郁郁葱葱""清澈见底""湛蓝深远""清新甜润"四个词的含义。经过反复品读，读出韵味，这四个词语便深深地印在学生的脑海中。老师利用热度，用课件呈现具体情境，欣赏山谷中小村庄的美景，并要求学生运用自己的语言，用这四个词来描述情境，我们相信，在生动的语言转换过程中，这四个词的字面意义以及所依附的形象和魅力，都会在学生的心中积累起来。

在理解词语的语境中，学生有思想的源泉，容易拓展思路。而情境教学法通过语言训练激发学生的感官，强化形象思维，发展学生的抽象思维。

3. 在仿写中发展学生的思维

学习课文优美的语言、句式、片段后，让学生仿写，这样的练习不仅发展了学生的语言，而且发展了学生的思维。

如《桂林山水》教学片段："漓江的水真静啊，静得让你感觉不到它在流动。漓江的水真清啊，清得可以看见江底的沙石。漓江的水真绿啊，绿得仿佛那是一块无瑕的翡翠。"根据文本特点，教师设计了下面的练习：

公园里的花真美啊，美得＿＿＿＿＿＿＿＿＿＿＿＿＿＿＿＿＿＿＿＿＿。
公园里的花真香啊，香得＿＿＿＿＿＿＿＿＿＿＿＿＿＿＿＿＿＿＿。公园里的花真艳啊，艳得＿＿＿＿＿＿＿＿＿＿＿＿＿＿＿＿＿＿＿。

4. 在情感体验中发展学生的思维

进入文本，让学生通过品读走进人物或作者的内心世界，通过配乐诵读进入作者描绘的意境，学生获得情感体验之后，再运用自己的语言表达自己的情感。例如：你想对文中的主人公说些什么？可以让学生自由表达、交流，再写下来。

5. 在读写结合中发展学生的思维

当下的语文教科书，每个单元都有一个主题。在学生学完课文后，教师可以围绕文章的主题进行延伸拓展，指导学生习作。

例如：教完古诗《游子吟》，让学生写下母亲的故事；教完《翠鸟》，让学生欣赏鸟的图片，然后描述自己喜欢的一种鸟。这样的设计可以达到两个目的：一方面，它通过扩展帮助学生加深对文本的深刻理解；另一方面，当学生表达时，他们会有意识地学习文本意义的表达方式和方法，通过分析归纳获得语言，提高了表达能力和思维能力。

6. 在写作手法上发展学生的思维

每篇文章都有作者独到的写作手法，让学生探索学习作者的写作手法，不仅习得了谋篇布局的方法，还提高了空间想象能力。

在教学课文《白杨》中，教师首先让学生想象和谈论杨树在风沙、雨雪、干旱、洪水前的各种表现，呈现出杨树在各种恶劣条件下顽强生长的形象，树立起杨树的高大形象，感悟它的可贵品质。然后提出了一个高层次的问题：同学们，请大家想想，爸爸的话只是为了介绍杨树吗？经过学生们的自主探究、合作学习发现，原来作者是在借物喻人，热烈讴歌边疆工作者服从祖国需要、发展边疆、建设边疆的远大志向和奉献精神。这种写作方法称为"托物言志"。

教师首先抓住"白杨在风沙、雨雪、干旱、洪水前的各种表现"这个训练点，让学生展开想象，组织语言进行表达，发展了形象思维。然后让学生分析、归纳白杨树的品质，发展了抽象思维。最后提出高阶问题，让学生探索作者托物言志的写作手法，增强了抽象思维。除此之外，我们还可以从修辞手法上拓展学生的思维。

7. 在类比阅读教学中发展学生的思维

类比阅读教学侧重学法指导，在充分解读课文的前提下，教师引导学生探索知识本身的魅力，通过分析、归纳、总结找出文本的特点，获取解读的密码。

案例：《俗世奇人》的作者是冯骥才先生，他的作品具有"一件小事，神韵全现"的特点。学生解读《刷子李》一文，初步了解作者的写作手法（见图8-6）后，可以让学生类比阅读《泥人张》，想一想：文章主要讲了什么？从哪里可以看出故事情节的一波三折？这样，学生学以致用，不仅习得了阅读的方法，还发展了批判的思维能力。

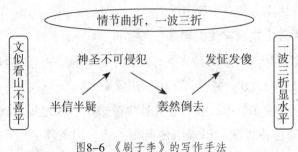

图8-6 《刷子李》的写作手法

8. 在高阶问题中发展学生的思维

提问、追问是教师常用的技巧，一般的提问没有经过过滤都属于低阶思维的问题。能透过问题提出高阶问题，这恐怕不是教师们在一般情况下可以做到的。这不仅需要教师充分解读文本，掌握文本的内容和特点，还需要有透过问题引导学生建立高阶思维能力的意识和策略。

特级教师武凤霞在"寻找中国好教育·中小学语文教育教学创新高峰论坛"上做了题为《深度思维，让学习真正发生》的演讲。她认为：深度思维就是指学生自主地分析、评价、创造的思维，它具有较高的认知水平，有较高的认知能力。下面我们来看看武老师给我们展示的案例。

武老师为我们展示了小小说《爱之链》一文。她紧抓微型小说的三要素（人物、情节、环境）进行教学。

她从人物入手，依次板书乔依、老妇人、女店主，引导学生讲述故事的主要内容。每当学生表述不完整时，她总要追问，再让学生完整表达。既尊重了学生的学习权，又发展了语言、发展了思维。

她根据文本内容，设计了高阶问题：（谁）知道什么，不知道什么？她点了多名学生回答，用追问、商量等方法引导学生把语言表达清楚完整，并随机出示文段，进行品读。

她教学文段时，先是用问题引领学生发现关键词，当学生说漏或表达不清时，她会提示或追问，再让学生表达（朗读）一遍。她侧重朗读的节奏和语感训练，以读促悟，并从中发现问题、解决问题。既让学生在朗读中得到语感的成长，又让学生在捕捉语言信息中得到思维的成长。

她用同化学习法，引导学生学以致用。设计了高阶问题：乔依醒来，他第一眼会看见什么景物？为什么？因为武老师为学生创建了思维的表象，促进了思考的形成，打开了思路，学生畅所欲言，发展了许多美好、有趣的语言。

通过这节课，我们发现武老师使用了布朗提出的情境性学习方法（学习背景、景象和学习活动条件）来落实高阶问题教学，通过高阶问题引导学生的思维向深度和距离拓展，让学生的思维发生了实质性的变化（见图8-7）。

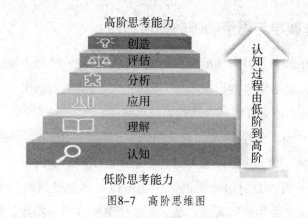

图8-7　高阶思维图

三、口语交际教学与思维训练的整合途径

李吉林老师的情境教学法能有效地唤醒学生已有的生活经验，在交流表达过程中，碰撞思维的火花，从而学会分析、归纳表达自己的语言，提升了形象思维能力，发展了抽象思维。

案例：一天放学后，初中生小明在校外遭到几名社会青年的勒索，他们强行将小明身上的钱抢走，还威胁小明以后每周一放学后都要交出20元钱，并不许告诉别人。小明又气又怕，不知该怎么办……（出自苏教版六年级下册语文百花园二）

课前预习，要求学生自己先思考，再和家人、同学、朋友私下交流。备课时，教师下载图片，使用PPT等软件进行图片处理，再利用"彩视"等软件进行微视频制作，也可下载"校外欺凌"这个主题的视频，剪辑视频后，在PPT上设置超链接即可。

上课时，教师先出示讲者和听者的要求以及评价的要求。这样有利于规范学生思维，节约思考的时间。然后，教师或学生根据材料示范性表达。这样有利于启动学生形象思维，引起表象的思考。最后，教师应用情境法教学，播放课件创设情境，让学生切身感受，丰富情感后，再引领他们进行情感表达和情感交流。

这样一来，就激活了学生思维，有话可说，在情感之处产生知识的自然生成，学会积累语言、发展语言，提高了文明和谐的沟通素养，培养了他们倾听、判断、表达的能力。

四、习作教学与思维训练的整合途径

信息技术在语文学科中的最大作用就是创设情境、情境再现，唤醒学生已有的生活体验，激活学生的形象思维，辅助学生理解陌生的概念、理解抽象的事物和理解文段，体会作者所表达的思想感情。

案例：一个特点鲜明的人，总会给人留下深刻的印象，即使偶然见上一面，其音容笑貌、举手投足，也会留在心中挥之不去。这次习作，我们就来写这样一个人，他可以是身边熟悉的人，也可以是偶然见到的陌生人。写的时候，试着运用课文中一些写人的方法，写出他某一方面的特点。写完以后，同学之间互相评一评、改一改，让人物特点更加突出（出自人教版语文五年级下册习作七）。

备课时，教师根据文本的主题内容和要求整合教学资源。一是根据文本特点，利用百度文库等网络资源，整理文字资料；二是使用PPT的图片剪辑功能剪辑同学们不同场景的照片；三是使用快手和抖音的软件，编辑同学们在书香校园活动的场景。在课堂上，因为文字资料简单明了，图片和视频来源于学生的生活，具有时效性，学生感同身受，形成画面感，体验喜怒哀乐。学生快速捕捉了写作的细节信息，激发了说的欲望，有效地打开了写作思路。

总之，把思维发展与提升作为语文学科的核心素质之一，是科学合理的。前提条件就是我们教师必须清楚小学语文学科的特点，弄清楚思维的理论，弄清楚培养小学生思维的目标，弄清楚语言和思维训练的实践意义，这样才能树立在小学语文学科中培养思维能力的意识，才能在语文教学实践中学会整合资源，找到有效培养学生思维能力的策略（见图8-8）。

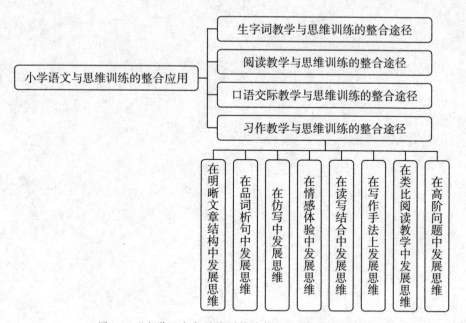

图8-8 "小学语文与思维训练的整合应用"思维导图

第九章

拨动思维之弦

叶圣陶先生曾指出，"语文教育在基本训练中，最重要的还是思维训练，不要只顾语言文字方面，忽略了思维的训练"，要把"思想、语言、文字三项一起训练，使之相辅相成"，将"给学生打下扎实的语文基础"和"开发创造潜能"两个方面统一渗透于整个语文教学的全过程。因此，我们必须采取行之有效的方法，在发展语言能力的同时，也发展学生的思维能力。那么，如何在小学语文阅读教学中进行思维训练呢？

第一节　思维，开启于质疑问难处

"学贵有疑。"质疑本身就是一种思考，一种挑战，一种探索。不断发现问题、提出问题是一个人思维活跃的表现。因此，语文教师在教学过程中要重视对学生质疑能力的培养，比如可以引导学生对课题质疑，对文中重点词句质疑，对文中看似矛盾实则精彩之处质疑等，使学生在阅读中多思、深思、善思，做到学中问、问中学，从而培养学生独立思维的能力。

案例：在教学部编版二年级语文上册《小蝌蚪找妈妈》一课时，可以这样诱发学生质疑："小蝌蚪为什么找妈妈呢？它们是怎么找妈妈的？最后它们找到妈妈了吗？"通过这样对课题的质疑，学生就能了解文章的全貌，有利于深入理解课文，体会文章蕴含的思想感情。在学习部编版二年级语文下册《青蛙卖泥塘》这篇课文时，学生读了课题之后，我引导学生对课题进行质疑："读了课题，你有什么问题？"学生马上有了这样的质疑："青蛙为什么要卖泥塘呢？它是怎么卖的呢？它到底有没有成功地把泥塘卖出去呢？"学生的质疑相当深刻，我正是从学生的质疑入手进行了教学环节的设计，在课堂教学中，引导学生带着这些问题层层剖析，环环深入，这些质疑无疑起到了至关重要的线索作用，成为一节课的灵魂，成为开启学生思维的关键链。使学生从不敢提问到想问，从不会提问到善问，把学生的积极性引入到教学中来（见图9-1）。

部编版二年级语文上册《狐狸分奶酪》一文中对于狐狸分奶酪是否"公平"，备受学生争议。在教学中，我仍然引导学生不断质疑，在质疑中发现问题，在解疑中提升学生的思辨能力（见图9-1）。学生的质疑精彩纷呈，如：

"从狐狸第一次在大的这半块奶酪上咬了一口，为什么两只小熊就没有看出狐狸的狡猾呢？还让狐狸继续分。"

"小哥儿俩看着奶酪就这样全被狐狸吃光了很生气，有用吗？他们为什么谁也不阻止狐狸呢？"

"小熊它们分奶酪对吗？"

……

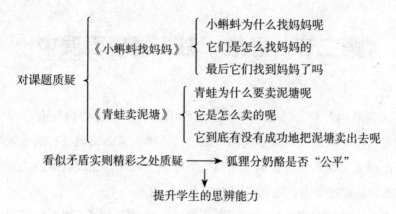

图9-1 《小蝌蚪找妈妈》《青蛙卖泥塘》《狐狸分奶酪》思维导图

无疑，正是因为有了学生一连串的质疑，课堂上学生有提问、有发言、有补充、有辩论，畅所欲言。在质疑与辩论中，激活了学生思维的兴奋点，学生的思考更加深入，思维更为灵活，倾听更加认真，表达更为意外精彩。

质疑问难的方法很多，它不仅是学生一个"感受"问题的提出，更重要的是活跃了他们的思维。"学起于思，思源于疑"，学生有了疑问才能深入思考，有所发现，有所创造，使以学生为主体的教学思想真正落到实处。

第二节　思维，融入情境表演中

"儿童是用形象、色彩、声音来思维的。"对于那些内容有趣、情节生动、人物形象鲜明的儿童文学作品，如寓言故事、童话故事等，低年级学生往往表现出极大兴趣，如果让学生充当故事中的主人公，创设故事情境，更能诱发他们的创造思维能力，达到"润物无声"的效果。

案例：在执教部编版二年级语文下册《小马过河》时，我抓住"难为情"一词设计了这样一个情境表演片段。（课件出示，小马难为情地说："一条河挡住了去路，我……我过不去。"）

师：大家想想，小马难为情时表情怎样？会说些什么呢？我现在就是小马的妈妈，你是小马，谁来难为情地和我说说呢？

生：（低下头）"妈妈，我能不去吗？"

师：为什么？

生：（还是低下头，双手搓着衣角）小声地说道："我……我……我过不去。"

师："那条河不是很浅吗？"

生：（低下头，仍旧搓着衣角）用请求的语气说道："妈妈，它们都这样说，可是我……可是我害怕呀，我能不能不去呀？"

生：（没有让妈妈回答，生走到妈妈跟前）拉着妈妈的手说："妈妈，妈妈，我求求你了，别让我去！别让我去！"

师：这……

执教部编版二年级语文下册《小马过河》（见图9-2）：

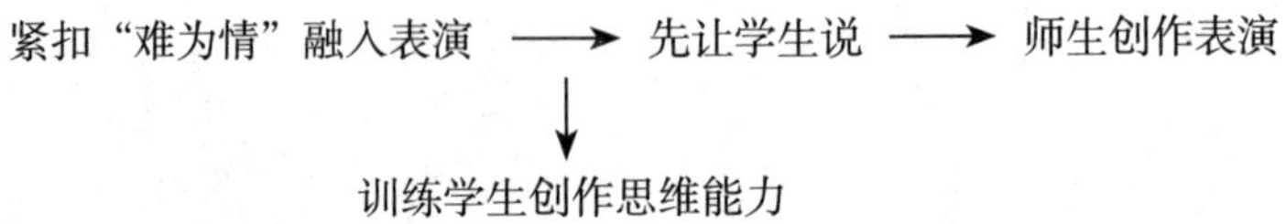

紧扣"难为情"融入表演 ⟶ 先让学生说 ⟶ 师生创作表演
⬇
训练学生创作思维能力

图9-2　《小马过河》思维导图

　　从上面的教学片段我们可以看出，在教学中我紧扣"难为情"一词创设了情境，把静止的文字符号激活成生动的对话情节，引导学生观察小马的动作、语言。在我与学生的表演当中，学生如临其境，亲身经历了什么叫"难为情"，而旁观的学生则亲耳所听、亲眼所见、亲身所感什么叫"难为情"。在我和学生充满感情的对话中，在师生心灵的交融过程中，学生的观察、思维、想象和表达能力都得到充分的发展。

第三节　思维，激活于丰富想象处

爱因斯坦说过："想象力比知识更重要，因为知识是有限的，而想象力概括着世界上的一切，推动着进步，并且是知识的源泉。"想象力是创造性思维的重要基础，它能结合以往的知识与经验，在头脑中形成创造性的新形象，把观念的东西形象化，把形象的东西丰富化，从而使创造活动顺利展开。在想象的天空中自由翱翔，学生可以打思维的闸门，由一人一事想到多人多事，由花草树木想到飞禽走兽，从一种意境跳到另一种意境，使互不相连的聚合黏结……没有想象，就没有创新；善于创新，就必须善于想象。所以在语文教学中，教师要凭借教材最大限度地启发学生想象，从而激活学生的想象、创造能力。

一、抓关键词想象

案例： 部编版二年级语文上册《大禹治水》一课中有这样一句话："很久很久以前，洪水经常泛滥。"在教学中，我适时地抓住了"泛滥"这个重点词语对学生进行了这样的思维训练：大水冲到了田野，淹没了田地，大水还可能冲到哪里，造成怎样的后果呢？如果你就是当时的百姓，你就置身于这样的痛苦生活之中，你能具体描述出洪水泛滥的情景吗？请大家说一说。在精心的预设与引导下，孩子们用奇思妙想编织的情节跃然纸上，有的说有一次半夜洪水冲到了村庄，冲毁了房屋，睡梦中的百姓喊着、哭着、跑着；有的说目睹了洪水冲到了森林，冲断了大树，淹死了林中的小动物，导致毒蛇猛兽到处乱窜，到处伤害百姓和牲畜……学生的想象思维能力就这样随着文本中的关键词语展开了。此外，我还抓住文本中这个句子"百姓重新过上了安居乐业的生活"，引导孩子在重点词"安居乐业"处发散思维：安居乐业的生活是一种怎样的生活呢？请你们展开想象的翅膀，想一想，说一说。孩子们马上根据生活实际，有的说仿佛看到了孩童无忧无虑地在田野里追逐、玩耍，有的说仿佛看到了百姓在田里耕作，闲暇之余吹笛唱歌、聊天品茶……

紧扣"泛滥"重点词语思维训练

> 大水还可能冲到哪里，造成怎样的后果呢
>
> 如果你就是当时的百姓，你就置身于这样的痛苦生活之中，你能具体描述出洪水泛滥的情景吗

紧扣"安居乐业"处进行发散思维训练

↓

安居乐业的生活是一种怎样的生活呢？请你们展开想象的翅膀，想一想，说一说

图9-3 《大禹治水》关键词想象思维导图

在这样的想象思维中，孩子们调动起自己的生活积累、知识库存、感情等因素进行"再创造"，进一步让学生感受到了洪水泛滥的情景，百姓"安居乐业"的幸福生活。对关键词语的再现，既加深了学生对文本的理解，又丰富了学生的想象力，激活了学生的思维能力。

二、借助图画想象

插图作为语文教材显性结构的组成部分，需要教师在备课文的同时，还要备插图，挖掘插图内涵：我们要指导学生通过观察插图，观察人物的动作、神态，从图的静止到变化，从人物的外表到内心，从动作到语言，进行创造性想象，使课文插图活起来，这样，学生的求异求新思维就能得到培养。

案例：部编版二年级语文上册《难忘的泼水节》一文插图，画的是周总理与傣族人民同喜同乐、心心相印的感人画面。在教学时我引导学生借助插图，展开想象，想象周总理为人们泼水祝福时会说些什么？这样利用插图不仅培养了学生的观察力，还培养了学生的想象力。又如教学部编版二年级语文上册《我要的是葫芦》一文时，为了让学生深刻地体会到种葫芦人后悔、恍然大悟的心情，我先让学生观察文中的两幅插图，并问学生："你们发现两幅图有什么不同？"学生结合插图，有的说："那个人的表情、动作不一样。"有的说："葫芦的叶子不一样。"有的说："葫芦所在的位置不一样。"……紧接着，让学生再深入地观察插图，并说："种葫芦人看到小葫芦一个个都掉了，你们能想象一下，他会想些什么呢？他会做些什么呢？他可能会有哪些动作呢？"学生神思飞动，浮想联翩，有的说："我仿佛听到了那个人在说，都怪我不好，要

是我当初听了邻居的话，我肯定可以收获很多葫芦。"有的说："我也仿佛听到了那个人在说，如果我治了叶子上的蚜虫，我的小葫芦就会长得比大南瓜还要大呢。"有的说："我看到了种葫芦人流着泪在说，我真糊涂，我真傻！我当初要是听邻居的劝告，现在不就收到很多大葫芦了吗！"有的说："我看到那个人不仅流着眼泪，还坐在了地上，不停地拍打着自己的头，看来他是真后悔了。"……通过一步步的想象引导，学生深入地体会了种葫芦人内心的极度后悔（见图9-4）。

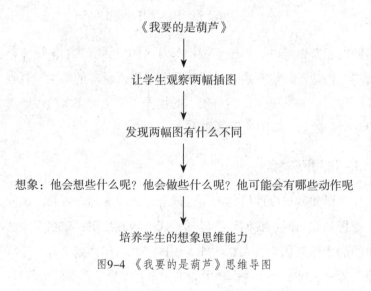

图9-4 《我要的是葫芦》思维导图

在小学语文课本中，能激发学生想象思维的插图有很多，只要教师有意去挖掘，巧妙地去启发、点拨，那静止的画面就会变成活生生的一幕再现于学生的眼前，学生的想象思维能力也因此被激活。

第四节　思维，紧扣于重点词句处

在语文教学中，理解关键词句不但可以启发学生积极思维，而且可以深刻理解课文的内容和思想。有些课文的关键句子在文中起着牵一发而动全身的作用，教师要不失时机地引导学生去比较、去思考，从中体会句子的深刻含义，从而发展思维。

如教学部编版二年级语文上册《我要的是葫芦》，可以借助思维导图（见图9-5）。

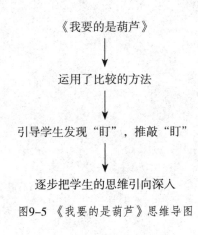

《我要的是葫芦》

↓

运用了比较的方法

↓

引导学生发现"盯"，推敲"盯"

↓

逐步把学生的思维引向深入

图9-5 《我要的是葫芦》思维导图

案例：教学部编版二年级语文上册《我要的是葫芦》课文的句子"你别光盯着葫芦了，叶子上生了蚜虫，快治一治吧！"时，我就紧扣"盯"字，运用了比较的方法，引导学生发现"盯"，推敲"盯"。

师：文中的"盯"是什么意思？能否换成"看"？为什么？

生：我认为还是用"盯"好，因为一个"盯"字写出了种葫芦人眼里只有小葫芦。

生：不能换。因为"盯"是指注意力集中在一点上，说明种葫芦人的心思只在小葫芦上，他就想小葫芦快快长大，而"看"有比较随意、不在乎的感觉。

101

生：我也认为"盯"用得好，因为种葫芦人一直很喜欢小葫芦，他是真的希望他种的葫芦能长得可爱，长得快，所以他眼睛都不眨，一直盯着小葫芦，用"盯"更能体现出种葫芦人对小葫芦的喜爱与渴望它快长大的心情。

……

试想：如果我在教学中只机械地讲是用"盯"好或是用"看"好，学生对文本的理解也只能留下模糊的印象。孩子们思维能力的培养需要老师不断地拨动他们的思维之弦，不断地激发学生的学习兴趣，这样才能逐步把学生的思维引向深入，才能真正地开拓和发展学生的思维。

第五节　思维，拓宽于课文留白处

小学语文每一篇教材都有适合思维能力的训练点，文章中也常常在某一事件的描写上留有余地，有的情节一带而过，简略处理，有的情节直接跳过，根本不写，这是情节发展的"空白"，给学生的思维留下了想象的空间。教师如果能智慧地挖掘文本中蕴藏的思维训练点，那么学生的创造思维就会像一颗种子发芽生长找到了适宜的气候、水分，学生的语言表达能力、思维能力将得到充分的提升。

案例：部编版二年级语文下册《蜘蛛开店》一课中有这样一句话："可是，蜘蛛看到顾客后，却吓得匆忙跑回网上。原来那位顾客竟是一条四十二只脚的蜈蚣！"这里就隐含了一个情节空白：接下来会发生什么事呢？于是，在教学中我就充分利用教材中这个思维训练点，让学生结合课文内容来进行想象，学生的思维火花会一下子点燃，他们积极思考，大胆想象，很快，一篇篇小练笔出炉了。

一位同学这样写道："蜘蛛看到了蜈蚣，吓得匆忙跑回网上，想：这条四十二只脚的蜈蚣，脚那么多，得需要多少袜子，我要织到猴年马月才能织完这么多双袜子呀！看来我要变换工作了。于是，蜘蛛又来到小木屋里，把招牌换了，上面写着'裤子编织店，身材细小的动物只需付一元钱，身材巨大的动物需付一百元'。蜘蛛编织店的生意风风火火地做起来了。来找蜘蛛做裤子的小动物越来越多，有小老鼠、小猫、小狗、梅花鹿、猪、马……就这样，蜘蛛的生意越来越火，蜘蛛也越来越忙，但是，蜘蛛也收到了许多的报酬，于是，蜘蛛的生活越来越幸福……"

通过自己的联想，每个孩子都编写出属于自己的《蜘蛛开店》的结局，过了一把当作家的瘾。这样的练写既锻炼了学生的思维，又培养了学生的创造能力（见图9-6）。

教材中还有许多文章所写的事情虽然完结了，但事态还可继续或有新的发展。如学习完部编版二年级语文上册《我要的是葫芦》一课后，我也设计了续写故事的思维训练题："第二年，那个人又种了一些葫芦……"这又会发生一个什么新的故事呢？学生们个个都想一吐为快，写作欲望已被充分激发，于是纷纷埋头写作——《我要的是葫芦后传》。在教学部编版二年级语文上册《雾在哪里》《植物妈妈有办法》等文章后，我又结合课后练笔要求，让学生展开丰富的想象续编"雾还会去哪里""植物传播种子的办法还有哪些"（见图9-6）。故事在孩子笔下变得随心所欲，充满想象，充满温情。

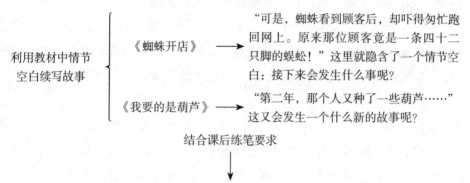

图9-6 《蜘蛛开店》《我要的是葫芦》《雾在哪里》《植物妈妈有办法》思维导图

　　小学语文教材中的留白很多，在语文教学中，教师要充分利用课文中的这些留白，巧妙设计教学环节，引导学生填补空白，这样既进行了语言训练，又超越了文本，激发了学生的发散思维、创造思维，可谓一举两得。

　　总而言之，在小学语文阅读教学中对学生进行思维训练是不可或缺的，思维能力是各种能力发展的基础，在教学中我们要不断探究，要通过鼓励质疑、引发想象、紧扣字词等方法拨动学生的思维之弦，启发学生积极思维，培养他们良好的思维品质，从而使学生的思维荡漾开去，让学生的思维能力得到发展，让小学语文课堂真正成为开拓学生思维能力的一片沃土、一块天地！

第十章
阅读撬动思维发展

　　人的一切活动都建立在思维活动的基础上，思维是考察一个人智力高低的主要标志，通过思维使人达到理性认识。我国古代学者就提倡"学以思为贵"，"学而不思则罔，思而不学则殆"，主张"授人以鱼，不如授人以渔"。这里的"渔"，实质上是指教给受教育者获取知识的思维方法，这才是教育之本。在推崇素质教育的今天，学校和教师不仅是知识的传播者，更应该是学生潜能和聪明才智的培育者。教师启发诱导得越好，学生的思维能力就发展得越好，对事物认识的能力就越强，自制能力、自学能力和自立能力也就越强，这将对学生的终身发展起到良好的促进作用。可见，思维能力的培养在学习中的重要性。

　　语文教学中阅读对学生思维能力的培养起着举足轻重的作用。然而在我们的语文阅读教学中，仍旧存在着重视知识积累而轻视思维发展的现象，影响了学生对文字语言的领悟能力及文章的理解。家长与教师忽略了培养学生独立思考和自主阅读的能力，教师在阅读教学中存在"为了解决问题而进行阅读"的阅读教学方法，对学生培养良好的自主阅读习惯造成影响，容易出现学生在教师的要求下才阅读的情况，进而使学生失去阅读兴趣并使小学生语文阅读能力水平的提升受到影响。如此恶性循环，将会严重影响阅读对学生思维的开发。那么，在小学语文阅读教学中，针对小学生的思维还没有受到过多的世俗观念的束缚、还没有形成固定的模式这一特点，我们应该如何用阅读撬动学生思维的发展呢？

第一节　预习，放飞思维独创

《义务教育语文课程标准（2011年版）》明确指出："语文教学应激发学生的学习兴趣，注重培养学生自主学习的意识和习惯，为学生创设良好的自主学习环境。尊重学生个体差异，鼓励学生选择适合自己的学习方式。"还指出："语文课程必须根据学生身心发展和语文学习的特点，爱护学生的好奇心、求知欲，充分激发学生的主动意识和进取精神，关注个体差异和不同的学习需求，积极倡导自助、合作、探究的学习方式。"学生自主学习能力的培养不能光依赖课堂教学这一主渠道，还有课前预习这一重要环节。学生的家庭背景不同，成绩参差不齐，很多学生没有良好的学习习惯。他们的许多知识的来源即是老师的传授，其他汲取知识的渠道就很少了。这些先决条件影响了老师讲课的质量以及学生对知识理解、领悟的程度和他们技能的提高，有时候他们也只能跟着老师的步子走，被动地接受知识。一些上课注意力不够集中的孩子，对学过的课文可能也没有多少印象。但是，如果这些孩子有了课前的认真预习，对老师要新授的知识先有了自主的学习，对课文理解的程度就会加深，他们也就能跟随老师的思维提出一些自己的见解、观点或问题。思维得到了训练，回答得到了认可，学习的自信心也有极大的提升，何乐而不为呢？预习对于不同层次的学生都是十分重要的。

我发现，班上的一些学生比以前重视预习了，是因为本人在新授一些课文时经常会问到课文中涉及的一些名人、地理、建筑等方面的知识。凡是有所准备的学生就会拿出自己预先查找好的记录资料的小本子，大胆地举手发言，向同学们进行介绍，每次都会迎来老师的赞扬和同学们羡慕的目光，这些被表扬的同学也更显得自信满满。由此预习的动力更强了，课堂上听讲也更专心了，发言也更积极了。而且，预习还有一个重要的作用就是它是对新知学习的一个良好的铺垫。学生在自主学习的过程中，他们会动脑，会提出一个预设的问题。有些问题就和老师课堂设计的问题不谋而合，也可能是老师教学难点的突破性问题，这些预测是对学习新知的一个良好的铺垫，也是一个很好的基础。

学生自信的培养源于预习。学生学习自主性与独立性的培养依赖于预习。一般的预习基本上是学生个人独立完成的，即使他们借助于家长、电脑或其他书籍的帮助，这一系列活动也都是学生靠自己去独立完成的。在这个自主学习的过程中，他们需要自己读课文、自己勾画生字、自己了解课文背景、自己进行选择性的学习。如果没有认真的阅读，就不能勾画出不懂的字词，如果没有思考，就不知道该查找哪方面的资料。这些步骤的完成都可以极大地锻炼学生的自学能力、思考能力、查找资料的能力，也就是一种自我独特思维的训练。这种自练，从近期目的看，是为学习具体课文做铺垫；从长远目的看，是在培养发现问题、分析问题、独立撷取及驾驭知识等能力，是很有利于培养"会"的能力和思维的独创度。

既然预习这么重要，我们教师就要紧抓预习这一环节的学习。那么，如何提高学生的预习能力呢？我认为小学阶段，由于学生的年龄不同，学习水平不同，预习的要求也应区别对待。针对我所教的中高年级阶段，预习方法主要有六种：一圈画，二读文，三查找，四梳理，五批注，六摘抄。

一圈画。圈生字和不理解意思的词语，利用工具书，运用低年级学习总结的学习生字词的方法独立学习。

二读文。要求初读时出声读课文；再读课文时，力争做到把句子读通顺；最后在读懂内容的基础上让学生读出感情。

三查找。查找与课文相关的资料，有些课文出自大家之手，课本中有讲鲁迅、宋庆龄、周恩来等名人的故事的课文，对小学生来说可能有些陌生，预习时可以利用课外资料、网络工具了解作者的生平及代表作品，了解时代背景。只有收集并查阅相关的资料，才能在课堂上更易理解老师的讲授，这样有利于达到新课标要求的"学生探究性阅读和创造性阅读的能力"。

四梳理。梳理课文的脉络，到了小学中高年级，学生的语文知识已有一定积累，读了课文后需要进行一些自主的思考，提出一些问题，可以从这几个方面入手：课文是按什么顺序写的？课文是从哪几个方面来写的？课文的主要内容是什么？通过思考梳理清晰文章的脉络。

五批注。做批注是四年级同学就应该着手做的预习手段。毛泽东老师徐特立有言："不动笔墨不读书。"把自己欣赏的字、词、句，哪怕是一个标点的使用好处，都可以用简洁的文字批注在书的空白处。读到能发人深省的句段，读到能触动人心使我们内心产生共鸣的部分，那就把这些独特的感受写在文章的旁边。这样不仅有助于对课文的理解，而且长期坚持下去，探索能力也会逐步提高。

六摘抄。摘抄文中的好词好句。语文的学习重在知识的积累，积累好词是丰富自己写作的重要途径，小学课文所选的都是永恒和时代的典范文本，里面的好词好句耐人回味。因此，摘抄、诵读并将它内化就显得尤为重要。预习思维导图如图10-1所示。

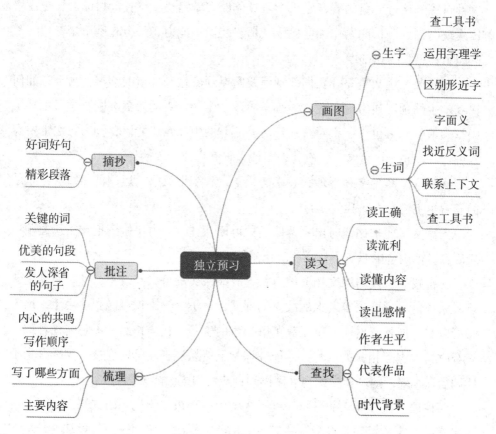

图10-1 独立预习思维导图

预习确实有诸多好处，可以锻炼孩子的心智，可以提高他们学习的能力，那我们就要将这件事情长久地坚持下去，相信有了长久的训练，孩子们的自学能力一定会增长很快，对培养学生思维的独创性也有很大的帮助。

第二节 质疑，激发思维深度

陈献章说过："学贵知疑，小疑则小进，大疑则大进。"课堂中让学生自己质疑，尝试从不同角度思考提出自己的问题，有助于激发学生的探究欲望，发挥学生思维能力与创造能力。质疑能力是学生养成良好的敢于提问和善于提问的学习习惯的基础。对学生良好学习习惯的培养是小学教育的重要目标。所谓良好的学习习惯，就是学生具备主动学习的自觉性和掌握自主学习的方法，这些都离不开质疑能力的培养。"为学患无疑，疑则有进"，自主学习的过程，就是一个产生质疑、思考质疑、解答质疑的过程。学生只有产生了疑问，才会主动学习、思考、探究。不断质疑和学习，才能促进学生养成良好的学习习惯。当学生具备了质疑能力，教师才可以更好地利用质疑来指导学生课前预习；在课堂上利用质疑获取学生反馈，及时调整授课重点和节奏；在课后利用质疑获取学生学习的效果，总结反思，查缺补漏。所以，教师作为学生学习的引导者，应该通过质疑把他们的个性、积极性、创造性和学习潜能巧妙地牵引出来。

据我观察，很多教师在引导学生质疑前对质疑的目的、意义、操作方法等方面都认识得不够准确，造成学生在课堂上质疑的效果不理想，甚至影响了教学质量与学生能力的发展，达不到对学生思维培养的初衷。所以我们要避免以下几个方面的低效质疑：

（1）问题拘泥于形式，提出一些没有思考价值的问题，甚至不用思考都能找出答案的问题。这些问题只是为质疑而质疑，虚张声势。

（2）问题重新集结。每一个学生由于知识经验、认识水平的不同，对于同一篇课文会产生不同的疑问。有些教师鼓励孩子质疑后对问题进行小结时，把孩子提出的异彩纷呈的问题重新集结，全部没有了原貌。问题被悄无声息地集结，学生的思维瞬间被打入了"冷宫"，学生的问题没有得到有效地引导，最终还是被老师的问题牵着走。

（3）问题东拉西扯。学生的问题五花八门，非常凌乱，没有质量，完全按照学生的思路让学生牵着鼻子走。教师没有发挥"导"的作用，没有教给学生质疑的方法，引导学生有针对性地提问，会造成整节课的思考没有集中在要学的知识点上，偏离了中心。

（4）虚晃一枪。课堂中当学生质疑或生成一些问题时，由于课堂时间与容量有限，有些教师就会以课后再去研究来搪塞学生。实际上到了课后，这个问题就不了了之了。学生提的那些有价值的问题我们教师不应该回避，不能把问题打入"冷宫"，而应该抓住学生好奇的契机积极引导学生深入探讨，再次进入文本自读自悟，或者通过小组间的合作学习讨论、互相启发，培养解决问题的能力，促进学生思维的发展。

（5）移花接木。学生提出的问题不一定是课文的重点，不一定和教师心中的重点相同，有些教师在课堂上总会使出浑身解数，引导学生说出自己精心准备好的那个问题，给学生自己思考的问题来一个"请君入瓮"，将问题"呼叫转移"。这样也突出不了学生学习的主体地位，走不出传统教学的圈子，让学生陷入被动接受的泥潭。

教师应如何发挥引者、导者的作用，引导学生有效质疑呢？我认为可以采用以下几种做法。

1. 给学生几把"钥匙"，让学生打开心锁

第一把钥匙——营造宽松氛围，使学生敢问。在课堂上，大部分学生不愿主动提问，心理上存在一定的疑虑，怕自己提的问题不够有价值，从而引起同学的嘲笑。为此，教师在课堂中营造宽松和谐的课堂氛围，给他们安全的心理环境，为他们打开那把心锁，激发他们的自信心。

案例：讲授《两小儿辩日》这一篇课文时，为了鼓励孩子大胆质疑，我把这个机会给了一个成绩中下的学生，结果他提的问题是："为什么古代人都叫什么'子'呢？"此话一出，全班同学哄堂大笑，我却回答道："问得好！为什么人们称孔子、老子、孟子、晏子为'子'？"通过引导，学生明白了古代人用"子"字，是表示对有贡献的男人的尊称，看来文中的孔子一定有自己独特的本领，所以百姓才称他为"孔子"。那为什么两个小儿笑曰："孰为汝多知乎？"带着这个问题我们走进了课文。此后，无论哪一节课，我都能看到这位学生高高举起的小手。

第二把钥匙——合理运用评价，使学生爱问。减少小学生心理障碍最主要的方法是多鼓励。在课堂中我用"盖荷花"的办法来激励孩子质疑。每次在上新课之前，如果学生能大胆质疑提出有价值的问题，就给他们的语文书盖一个盛开的荷花；如果学生进步较大，但问题欠缺价值，我就在上面盖上一个含苞待放的花骨朵，是期望他能盛开并散发芬芳。学生在课堂上质疑不断，更重要的是质量上都有了很大的提高，课堂氛围活跃，较好地培养了学生发现问题与解决问题的能力，有效培养了学生思维的深度。

2. 给学生几个支点，让学生有"点"可疑

我们常遇到学生在课堂上质疑的问题过于分散、浅显、没有价值……所以非常关键的一环就是教师必须授之以渔，教给学生一些质疑的方法。那么，从何处质疑？怎样质疑呢？

抛砖引玉，质疑课前。现在小语专家多提倡学生语文课堂要一课一得，让学生在一篇课文的学习中能抓住一个点去突破。部编版教材每个单元都有一个单元导读，单元导读里在阅读和写作方面提出了相辅相成的一个点。我们就要引导学生在预习课文的时候围绕训练点思考把文章不懂的问题写出来，这样就减少了学生们预习时质疑的盲目性。

案例：学生预习《闻官军收河南河北》这一课时，围绕单元导读里的"通过文中的描写体会诗人的内心"进行有针对性的提问。问题如下：杜甫闻官军收河南河北的内心是怎样的？文章从哪些语句可以表现杜甫的心情呢？为什么作者会"喜欲狂"呢？不仅如此，我还让学生在质疑之后通过查阅诗人的人生经历和诗歌的写作背景尝试解决。课堂上要求学生在阅读中自行释疑，分小组合作解疑。这样，学生便如饥似渴地投入读书中，不仅培养了学生的质疑能力，又培养了学生认真读书、勤于钻研的习惯。课堂上，教师只是扮演了一个学习的合作者做适当引导肯定，学生在存疑、解疑的过程中自主发展了自己的思维，完全打破了传统诗文学习依靠老师讲解的局面。

刨根问底，质疑课中。教学过程中以"我有什么问题……""我还有不同的意见……""我认为……"等形式引导学生质疑，使学生在解疑中尝到甜头，从而产生心理上的满足感与成就感，较好地发展思维。

案例：教学《青山处处埋忠骨》这一课时，学生都能抓住课文中对毛主席喃喃呼唤儿子的语言、仰头望天花板抑制情感的动作、紧锁眉头踌躇不决的神态等语句去体会主席痛失爱子的悲痛心理。但是他们只能理解主席的悲痛，与主席不搞特殊的作风联系不起来，触动不了孩子的内心，感受不到伟人的风范。我就引导同学们就课题《青山处处埋忠骨》和结尾"青山处处埋忠骨，何须马革裹尸还"联系课文内容看看有什么问题可以思考。这句话一提出，学生就有了如下质疑："既然主席那么希望能见自己儿子最后一面，为何又做出尊重朝鲜人民意愿的决定呢？"问题一出，学生交流不已各抒己见之后，让学生顿悟出作者所要表达的情感，并自然感受到主席的风范，还能由这篇课文联想到历史上有无数为国捐躯的英雄儿女的故事，轻松理解了"青山处处埋忠骨，何须马革裹尸还"。这样发问的思维方式无疑给其他学生以很好的启发，真正体现以学定教的理念，引导学生充分调动学习的主动性，联系实际深入主题思考，有效地培养了学生的思维，让学生的思维有深度。

意犹未尽，质疑课后。课后学生的质疑是有别于课前质疑的较深层次的问题，是学生深入文本的回马枪。课后引导学生结合课内外的阅读写课后质疑单，对课文中困惑的地方提出问题，精选有价值的问题引导学生开展课后研究，在课后深思中培养学生的思维深度。

案例：学生在学习完《藏戏》一课后提出：一样是写风俗的文章，这篇文章与前一课《北京的春节》有什么不同？课外还有哪些介绍当地风俗的文章也找出来探讨探讨。通过学生的课后质疑，引导学生较好地领悟了《藏戏》和《北京的春节》及课外阅读的写作方法，自然引入单元有关家乡习俗的习作，将阅读与习作无缝衔接，有机结合。

3. 给学生一些时间，让学生从容思考

有的教师认为，课堂上让学生对文本进行质疑影响教学进度。其实，这是错误的想法，如果学生长期处于被动的环境下接受教育，根本没有质疑问难的机会，就更谈不上去创新和培养学生思维。在教学当中，对重难点处及新旧知识点衔接处，教师应该引导学生大胆质疑，并给予他们充分的时间，让他们深入文本自己去探究、解决问题，从而使其在课堂上迸射出智慧之光。

案例：我在教学《蝉》这首诗时考虑，作者借物言志，学生读懂作者所抒发的情感是一个比较难解决的问题。结合插图和字面义，学生读懂了诗的内容，一个学生提出了疑问："为什么诗人写蝉在梧桐树上鸣叫呢？梧桐是最高的树吗？为什么不是其他树呢？"对于这个质疑，我先肯定了他敢于质疑的精神，感觉孩子们以这个质疑为突破口能自主探究出作者所要表达的情感，便鼓励学生回家收集有关梧桐的诗，学生们惊喜地发现古代诗人有梧桐情结，写了很多有关梧桐的诗。我又让他们去查资料找原因，结果他们发现梧桐是高洁的象征，是忠贞不渝爱情的象征，是古人悲秋的载体，寄托离乡之苦、故园之念、离国之悲。质疑不仅在充足的时间里使学生自主读懂了诗人的情感，还读懂了一系列有关梧桐的诗篇，让学生通过一首诗的阅读达到了读懂多首诗的效果，让小学生的思维深度达到了一个让老师不敢预设的深度。

4. 给学生一些方法，让学生有方向可寻

根据课文题目质疑。大部分的语文课文题目都比较精练且内涵丰富，其具体呈现了文章的线索、内容、中心、特定的时间和地点等，学生可根据题目进行质疑。例如，在进行《跳水》教学时，教师引导学生从课题入手对学生的思考进行引导，看到题目学生就质疑："谁跳水？""在什么情况下跳水？""为什么要跳水？"质疑后就让学生带着问题进行阅读，充分调动学生学习语文知识的积极性，学生很轻松就弄清楚了事情的发展变化，了解了主人公的思维过程，在质疑的过程中让文章中主人公的思维火花跨越时空，照亮了学生的思维发展。

结合关键字句质疑。对课文中的关键字句进行质疑，让学生体验到语言蕴含的魅力。例如，在进行《狼牙山五壮士》教学时，其中有："为了不让敌人发现群众和连队主力，班长马宝玉斩钉截铁地说了一声……"教师可利用这一句话对学生实施质疑指导："为何要使用'斩钉截铁'这个词？可以将这个词去掉吗？为什么？"学生结合上下文内容读懂了词语的意思，通过比较知道了作者借助这个词语是为表达五位壮士为了群众和革命视死如归的精神。在抓关键字词句质疑中学会了品味语言的方法，感悟了不同文章语言的魅力，学会了语言表达的方法，达到了阅读和写作双赢的效果。

结合课文内涵生疑。课文内涵对学生质疑实施有效的指导，不仅有利于培养小学生的优秀品质，还有利于其树立正确的价值观念。挖掘小学语文教材中存在的情感内涵，可以发散小学生的思维。

案例： 在进行《穷人》教学时，设置这样的问题："为何文章开头对当时的天气和桑娜的生活环境描写得那么具体？"从而让学生可以深入地体会到穷人善良的情感，在不断加深以及掌握文章写作内涵的前提条件下，可以让学生学习主人公优秀的思想品质。

总之,避免质疑低效,给学生几把"钥匙",给学生鼓励,给学生几个支点,给学生方法,营造宽松氛围,让学生打开心锁质疑,深入理解课文,才有利于培养学生的思维深度(见图10-2)。

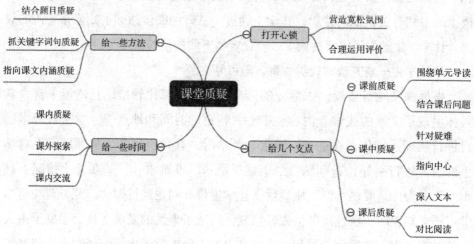

图10-2　课堂质疑思维导图

第三节　读写，培养思维灵活度

《义务教育语文课程标准（2011年版）》中指出："语文是一门学习语言文字运用的综合性、实践性课程。语文课程致力于培养学生的语言文字运用能力，提升学生的综合素养，为学好其他课程打下基础。习作教学要与阅读教学密切配合，与生活相结合，与活动相结合。"在习作教学中，要引导学生把从阅读中学到的基本功运用到自己的习作中去。这就告诉我们：阅读是习作的基础。语文课本都是一些极好的范文，大部分是经典文章，在寓意、题材、体裁、布局谋篇、遣词造句等方面，无不匠心独具，是学生模仿习作的典范。

当前语文课堂教学中存在着重人文、轻工具，重感悟、轻写法的倾向，很大程度上导致语文课堂教学效率不高。我认为，在课堂教学中，根据文本的特点抓住契机，精心选择读写结合点，给学生提供有效借鉴的对象和创造的依据，及时有效地进行模仿和创造性练笔，从读中悟写，以读带写，充分发挥阅读与借鉴的仿效作用，有利于训练学生的思维灵活度。以下是我在读写结合方面的一些探索。

一、抓仿写

仿写就是作文者模仿某些范文的立意、构思、布局谋篇或表现手法，有利于学生把握文章的遣词造句和格式特点，也有利于培养学生的思维灵活度。部编版教材语文园地在词句段的运用中结合每个单元的训练点安排学生进行仿写，给老师读写结合的教学提供了很好的支点。教师要精心指导学生学习、分析范文，找准和把握仿写的"点"。

案例：在《月是故乡明》中，作者说："在平沙无垠的非洲大沙漠，在碧波万顷的大海中，在巍峨雄奇的高山上，我都看到过月亮……对比之下，我感到这些广阔世界的大月亮，无论如何都比不上我那心爱的小月亮。"在引导学生感悟作者用对比的手法强烈表达对故乡的热爱和思念之情后，我让孩子们在文中继续找这种表达方式的语句品味，引导学生回忆曾经见过的这种句子，最后让大家仿照这种方法表达自己强烈的感情。这样抓住文本的语言训练点，既加深了对课文内容的理解，又让学生在仿写中体会到这样写的好处，领悟了文章的写作方法，可谓一举两得。

二、抓留白

"补白"是指充分利用文本留白，创设情境，给予学生想象的时间与空间，走进文本，超越文本的课堂练笔。在与文本自由对话的过程中，引导学生联系生活体验、社会经验，围绕一个知识点、情感点发散开去，展开合理、丰富的想象或联想，化虚为实，化简为详，让学生充分享受到自主创造的快乐，感受到语文学习的乐趣，激起学生思维的火花。这样拓展内容空间，拓宽理解背景，写出自己的真实感受，有利于促进阅读能力、写作能力的提高和思维灵活度。

教学中常用的补白包括：主题深化点的补白和对标点符号处（省略号）进行的补白。

主题深化点的补白：《两茎灯草》讲述了严监生临死前因灯盏里点了两茎灯草，伸着两根指头不肯断气，直到赵氏挑掉了一茎，才一命呜呼的故事。作者吴敬梓以充满讽刺的手笔对严监生临死前的动作、神态做了细致刻画，在读者面前展现了一个活生生的吝啬鬼形象。那么，如何才能让学生感受到严监生爱财如命的吝啬鬼形象呢？在本课的教学中，我设计的"读写结合点"就是通过动作、神态想象严监生的内心活动，补白人物心理活动的文字，丰富语言积累，感悟其吝啬。

对标点符号处（省略号）进行的补白：以《语言的魅力》为例，文中有一句话："春天到了，可是……"省略号给过往的行人留足了想象的空间，我对学生说："如果你是路过的行人，看到这句话、看到这位盲老人，你会想些什么？"于是就有学生回答："春天到了，可是他却看不到明媚的阳光，看不到盛开的鲜花，看不到翩翩起舞的蝴蝶，看不到欢快追逐的孩子们，他真可怜哪……"

三、抓语言特色

新教材中有许多文质优美的文章，语言各具特色：行文流畅似流水淙淙，情感奔放豪迈似热血沸腾，语言优美宛若置身仙境，语言朴实似娓娓道来……引导学生感悟语言的魅力，受到所读文章潜移默化的影响，甚至会有意识地从某一读过的文章中寻求启发和借鉴，然后去创造和写作，必须深入分析学生的学习情况，了解学生已知的、未知的内容，不要纠缠于课文内容的理解，而是要引导学生通过读写结合，更好地领悟文章的表达方法，更好地领悟作者语言表达的特色。以写促读，使学生在从感性到理性再回到感性的训练动活动中受益，发展学生的分析思维能力，培养学生的思维灵活度。

案例：《北京的春节》，著名语言大师老舍用如椽之笔、"俗白"的风格、京味的语言，描绘了一幅幅北京春节的民风民俗画卷，展示了中国节日习俗的温馨和美好，表达了自己对传统文化的认同和喜爱。为了更好地深入体会老舍先生语言的特点，我在学生初步理解这段内容的基础上，设计了一个小练笔：请写一写你是如何过除夕的。学生真实地运用了许多比喻句来写除夕的热闹，用自己家人的语言、动作、神态等描写除夕图，局限在自己这一家上。学生在将自己的习作与课文对比中发现：原来写作不一定非得用华丽的词句，在朴实简洁独具特色的京味的语言中也可以体会到人们欢欢喜喜过春节的心情，而且还更耐人寻味！

四、抓延伸点

拓展延伸点既是课内阅读与课外阅读的衔接点，也是文本理解向习作练笔过渡的有效落脚点。拓展延伸点或关注文本的背景，或联结相关的事件，或引申类似的事物，总之，都能够开拓学生的思维，起到事半功倍的效果。

案例：部编版五年级语文上册《搭石》一课，从搭石这一平凡的事物中展现了乡亲们无私奉献的精神和一心为他人着想的高尚品质。学完课文后，可以设计这样一则练笔：你从哪些平凡的事物中发现了美？用自己的笔写下平凡事物中的美吧！从而引导学生学会从平凡的事物中去发现美，在写作的过程中抒写自己的真情实感，用"我手写我心"，表达自己的真情实感（见图10-3）。

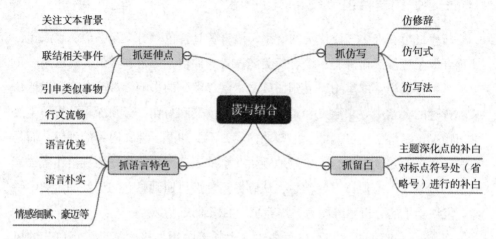

图10-3　读写结合思维导图

第四节　延伸，让思维有广度

阅读是提升全民素质的捷径，是语文教学的核心。《义务教育语文课程标准（2011年版）》中指出："要重视培养学生广泛的阅读兴趣，扩大阅读面，增加阅读量，提高阅读品味。提倡少做题，多读书，好读书，读好书，读整本的书。"可见，阅读不仅在课内，还要重视课外引导。其意义不仅可以使学生开阔视野，增长知识，还能提高学生的表达能力和阅读能力，启迪学生的思维。古人云："笔弱多临秦汉帖，辞穷重读古今书。"阅读是"下笔如有神"的底蕴，是"腹有诗书气自华"的潇洒，是"诗和远方"的遐想。它给了孩子一双敏锐的眼睛，去发现世间的美妙；给了孩子两条强健的腿，去走遍世间的每一个角落；给了孩子一双飞翔的翅膀，去领略未知的世界。厚积薄发，让学生爱上阅读，会阅读，读以致用，这是我们语文教师的责任。教好一本书是我们的责任，教会孩子阅读更多的书是我们的目标。如何从"一"到"百"乃至"成千上万"，如何从"无效"到"有效"再到"高效"，如何在阅读中培养学生思维的广度，这都是值得我们深思的问题。

一、巧借课文，推开课外阅读之窗

学生在学习、理解课文内容后，阅读才刚刚开始。教师可依据课文内容、作家链接、时代背景等引导学生进行延伸性阅读，将书读厚。

由一篇课文走进一本书。小学课文有很多节选自名家名篇，可以引导学生课后阅读完整的名著，以便全面了解作品的原貌。

案例：学习《祖父的园子》这一课时，萧红那种自由的、任性的笔触让孩子们读得欢心，学得开心，由此引出茅盾先生对《呼兰河传》的评价："它是一篇叙事诗，一片多彩的风土画，一串凄婉的歌谣。"茅盾先生的评价和课文描写的场景在学生心理上形成了强烈的反差，成功地激发了孩子们阅读《呼兰河传》的兴趣。

案例：五年级学了《景阳冈》《红楼春趣》等课文，安排学生阅读四大名著青少年版，去观三国烽烟，识梁山好汉，叹取经艰难，惜红楼梦残。《两茎灯草》辛辣的笔触讽刺了一个吝啬鬼的形象，但是在《儒林外史》中严监生的正妻王氏病后，他延请名医，煎服人参，毫不含糊。到底这是个有着怎样性格的人？推荐孩子们走进吴敬梓的《儒林外史》去一探究竟。借助部编版教材每册的"读书吧"引导孩子畅游古今中外经典著作。

由一篇课文（一组课文）走进一个时代。

案例：学了《少年闰土》，让孩子读读《故乡》，更能加深对鲁迅笔下的闰土形象的理解。《为中华之崛起而读书》讲述了12岁少年周恩来在感受到中华不振之后，立志为中华之崛起而读书的事。课文时代背景与学生生活实际相差甚远，我提前布置学生收集材料了解当时中国半殖民地半封建社会的历史背景：国力不强，国民精神麻木，帝国主义猖狂肆虐，"东亚病夫"称号沉重地紧扣在中国人的头上……这些历史背景让学生了解了围观的人为什么敢怒不敢言，了解了周恩来的沉思，了解了他为什么要"为中华之崛起而读书"。

由一篇课文走向一个主题。教过部编版语文五年级下册的老师都知道，本册的《古诗词三首》（《四时田园杂兴》《稚子弄冰》《村晚》）描写的都是古代儿童有趣的生活，表现了孩子们天真可爱、无忧无虑的天性。我们年级组的老师们要求学生积累描写儿童的古诗。五年级在学习了《慈母情深》和《父爱之舟》等以父母感情为主题的课文后，我们相应地为学生推荐朱自清的《背影》、肖玲的《母亲的"存折"》、史铁生的《秋天的怀念》、毕淑敏的《孩子，我为什么打你》等，带领学生正确认识父母的爱，加强与父母的沟通。

由一篇课文走进一种写法。

案例：以五年级上册的《落花生》为例，在这篇文章中，借物喻人是它的写作特点，为了使学生进一步理解这种手法，我们选取了茅盾的《白杨礼赞》和杨朔的《荔枝蜜》作为课外阅读文本，让学生细细品读，强化了学生对借物喻人的写作方法的理解。在接下来的随笔作业中，布置学生采用借物喻人的手法仿写一种事物。

案例：五年级下册《月是故乡明》，作者多次运用对比的手法表达了对家乡月亮情有独钟，强烈表达了对家乡的热爱之情。为了感悟对比手法强烈表达情感的作用，我引导学生在自己看的书中去找有这种写法的文章，他们找到了

《爱的教育》中以勿兰谛为首的调皮孩子戏弄克洛西，与卡隆帮助克洛西承担老师的批评进行对比，突出了卡隆的行侠仗义……让学生能有意识地从课本的写法品味走向课外的自主品味，让学生的思维更有广度。

由走近作者到走进作者。如学完课文《卖火柴的小女孩》，让学生阅读《安徒生童话》走进安徒生，推荐学生阅读安徒生早、中、晚三个时期的代表作《拇指姑娘》《白雪公主》《柳树下的梦》《皇帝的新装》，让学生了解到他写作风格上的转变和他个人的生活经历息息相关。学完课文《巨人的花园》，让学生走进王尔德，推荐他们去阅读他的《快乐王子》《少年国王》《夜莺与玫瑰》，了解王尔德不仅童话写得好，还很擅长诗歌、小说、戏剧。

二、巧用课内方法，为课外阅读指明方向

叶圣陶先生曾经指出："语文教材无非是个例子，凭这个例子要使学生能够举一反三。"课内阅读具有示范性，通过课内阅读的示范，向课外阅读辐射，使小学生得法于课内、得益于课外。我抓住两者之间的关系，加强小学生课外阅读方法的指导。

形成学生阅读的习惯、方法和能力主阵地在课堂。在进行课文教学时，可进行三步读书指导：初读、品读和迁移性阅读。

初读——整体感知。让学生自主预习，有准备地进入课堂，既可以大大提高课堂效率，又能培养学生自主学习的能力。

品读——批注感悟。这是在初读的基础上，根据学习要求，深入理解课文，包括在感受较深的地方批注感受，好的词句批注好在哪儿；在含义深刻的句子旁联系生活实际批注理解，还可以批注写作方法、修辞手法等。

迁移性阅读——拓展延伸。课文学完，据课文特点进行听、说、读、写和词、句、段、篇的综合训练。比如上了《"精彩极了"和"糟糕透了"》，创设情境进行体验式的写话练习；学习了《小木偶的故事》，引导学生去发现对话的秘密，合理想象续写故事；读了剧本《半截蜡烛》，让学生将《晏子使楚》的故事改写成剧本。这样做既巩固了对课文的理解，也为写作训练找到了训练点，真正做到了读以致用。

经过引导，学生在进行课外阅读的时候，遇到不懂的词语会习惯性地拿出工具书，遇到好词佳句会把品味到的感受批注在书上，遇到喜欢的段落会自觉

背诵……强化了"教材是例子"的观念，学生学好例子，用好例子，进而举一反三，阅读能力得到了提高，思维也在课外阅读中更有广度。

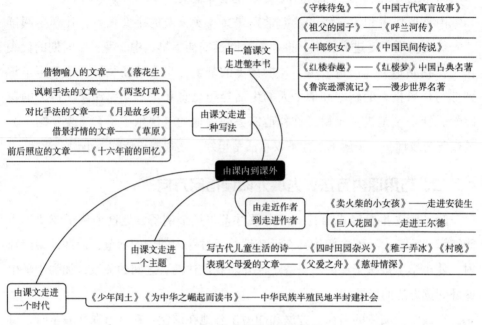

图10-4　由课内到课外思维导图

总之，阅读是运用语言文字获取信息、认识世界、发展思维、获得审美体验的重要途径。教师要充分调动学生主动积极的思维和情感活动，珍视学生的独特感受、体验和理解，提倡多角度、有创意的阅读，大胆质疑，读写结合，将课内阅读和课外阅读有机结合，加强阅读的指导、引导、点拨和总结，使学生的思维在阅读中更有独创度、更有深度、更有广度、更加灵活。

第十一章 放飞口语交际思维

语言是人类进行日常交往的重要工具，在人们的日常生活中起着关键的作用。尤其是在当今社会的激烈竞争中，如果一个人不能将自己的才华或者内心所想的东西有效地表达出来，就很难得到别人的认同，所以口语交际能力对一个人来说是非常重要的。在现在的小学语文教育过程中，教师不仅应该向学生传授汉语基础知识，还应在教学过程中重视对学生口语交际能力的培养，使学生更好地表达自己的基本思想。这也有利于教师的进一步教学，对提高学生的成绩有一定的助益。基于我多年的小学语文教学经验，简要地谈谈在小学语文教学过程中如何发展学生的口语交际能力。

第一节　学生口语交际现状

　　一直以来，国内外教育界都深刻认识到口语交际能力的水平是人类智慧文化乃至全人类整体素质的直接体现。因此，世界各国对口语交际教育一直是十分重视的。可以说，近一个世纪以来，国内的口语交际教育经历了四个阶段：宣泄、阻塞、恢复和发展。近年来，我国口语交际教学研究开始对口语交际的基本理论、具体操作过程和操作方法进行了更深入的探讨。但是，在教学实践中，教师却忽略了能力的培养，而是重视书面知识的识记，因为他们重视知识。表面趋向已经根深蒂固，所以听、说教学并没有得到真正的重视。积极引导学生参与口语交流，通过学生自己的生活习惯和个人经验逐步学习口语表达，克服口语交流过程中的心理阻碍，才能为以后的口语交际打下良好的基础。口语交际是孩子们语言能力的全面体现，是衡量一个学生汉语水平的重要标准。目前，小学口语交际教学的指导要么着眼于教师的教学，要么从内容到语言逐一灌输学生，这太束缚了，限制性太强了。孩子的口头交流过程失去了真实性，他们没有办法也不知如何开始进行交流，甚至仍然普遍存在谈论口语交际时就害怕的心理，对口头交流充满恐惧感和消极心理。这严重影响了他们口语交际能力的提高和语文素养的提高。如何找到一个突破口语交际教学困境的教学载体，让小学生摆脱口语交际的障碍，并从心底认可口头交际、接受口头交际、喜欢上口头交际呢？近年来，我国口语交际教学研究开始对口语交际的基本理论、具体操作过程和操作方法进行了深入的探讨。但是，在教学过程实践中，仍然存在重视知识而忽略能力的现象。听、说在小学里，"重视知识忽视能力，重视书面轻视语言表达"的倾向根深蒂固，听、说教学并没有得到真正的改善。回顾我们的口语交际教学，不难发现，学生通常不擅长使用口头语言与他人进行思想交流和交际，要么无话可说，要么不敢说，或者不知道在什么时候、什么地方应该说什么，不知道使用什么样的语言表达方式是合适的，这些都严重限制了儿童口语交际语言表达思维的发展。

　　《义务教育语文课程标准（2011年版）》的开篇就明确指出："语文是最重要的交际工具，是人类文化的重要组成部分。"这清楚地表明，提高学生的口语表达能力并让学生掌握这种语言表达工具是语言教学的首要任务。小学阶段是儿童发展口语交际能力的最佳年龄。但是，在我们小学的口语交际教学中，"重视知识忽视能力，注重写作忽视语言表达"的趋势难以突破，难以得到真正的关注。回顾我们的口语交际课不难发现，学生通常不擅长使用口头语言来交流思想和情感。一些学生知识不足，语言表达环境差，口语交流能力相对较弱。因此，必须加强对学生口语交际能力的培养，提高学生的素养，并开始对学生课堂及生活的口语交际进行研究。

第二节 培养学生口语交际思维的必要性

一、时代发展的需要

在21世纪这样一个知识型经济和信息爆炸时代，伴随着我国改革开放的发展和市场经济的冲击，我国的社会形态发生了根本性的变化，社会经济、文化科学技术得到突飞猛进的健康发展，形成了多渠道、多形式、灵动开放、自由竞争的态势。人们学习文化科学知识和劳动技术，交流工作经验和研究成果，进一步自主选择工作，在内部竞争，开展多彩的文化生活，拥有更广阔的空间和更多的道路与机会。因此，口头语言这一最基本、最直接的交流手段，常常决定着每个人的社会沟通效率，甚至是人生成败的关键。强大的口头表达能力已成为每个社会人适应现代社会交往最基本的能力要求。作为未来的小学语文教育，旨在培养未来的基础汉语素养人才，应更加注重培养学生的口语交际能力。

二、进行口语交际教学的现实需要

口语交际是小学生语文综合能力的真实反映，是衡量他们语文水平高低的重要标杆。当前小学语文口语交际教学，很多老师小学口语交际教学的指导，要么以任课教师为主，从知识到语言表达一一塞给学生，羁绊太多，学生口语交际失去了真实性；要么任其自然无任何引导，让他们无所适从，更是不知从哪里下手，导致小学生中还普遍存在谈口语交际就色变，对口语交际充满恐惧、排斥的厌烦心理的现象。这严重影响了小学生口语交际能力的提高和语文素养的提升。怎样找寻一种教学载体去突破口语交际教学的逆境，将小学生从口语交际的困境中解放出来，让小学生从心理上认可口语交际、接受口语交际、爱上口语交际，成了口语交际教学改革的目标之一。

三、养成良好的口语交际能力是语文教学的目标之一

在小学语文教学中，不仅应指导学生的阅读、写作和听力能力，还应进行口语交流的语言训练，克服口语交流的心理障碍，发展和提高口语交际能力。

第三节　锤炼口语交际思维

一、营造良好的课堂环境，激发学生表达口语的欲望

在传统的语文课堂教学中，教师通常以严肃而无言的形象出现在学生面前，他们不会嘲笑学生。这将有助于保持课堂纪律，并使学生根据老师的要求认真听讲。但这也在一定程度上抹杀了学生对语言表达的渴望，使课堂气氛非常沉闷，不利于学生口语表达能力的发展。所以在日常的语文教学过程中，老师要着重创建一个轻松、愉快、随和的课堂气氛，在确保正常课堂秩序的基础下，老师的态度也要相应地改变，要变为和蔼可亲，让学生能够积极地参与到课堂教学活动中来，不断激发他们的语言表达欲望，让他们在课堂教学活动中能够做到有话可说，这样能够在很大程度上培养学生的口语表达能力。

案例： 在《小蝌蚪找妈妈》的教学过程中，我专注于根据小学生的年龄特点，营造轻松、愉快、随和的教室氛围。让学生能够参加实际和积极的教学活动。我创建了这样的场景：一些学生表演小蝌蚪，一些学生表演乌龟，一些学生表演鸭子，一些学生表演青蛙，这样他们便不由自主地深入文字教学，激发他们的灵感，在课堂上会更加热情。这样能在很大程度上对学生的口语交际能力有一个长效的培养。以下是具体的教学过程设计。

《小蝌蚪找妈妈》教学设计

第一课时

（一）设置教学情境

1. 猜谜语

（1）谜：小逗号在水中游泳，它的身体又黑又滑。（打一小动物）

答：小蝌蚪。

（2）谜：在它的童年时期，它穿着黑色衣服。它穿着绿色长袍长大，在水中玩耍，然后在岸上休息。（打一小动物）

答：青蛙。

2. 谈话激趣

（同时拿出蝌蚪和青蛙图卡）请大家判断这两种动物是否一样？为什么它们的脸不一样？难怪小蝌蚪不认识它们的母亲。今天我们要帮助小蝌蚪找到它们的妈妈！

3. 板书课题

学生一齐读。

（二）第一次阅读正文，对整体有初步的感知

1. 自由阅读文段

（1）要求：读准字音，圈出生字，试着连词。

（2）思考：文章说了什么。

2. 默读文本

（1）在每个自然段上标记序列号。

（2）尝试为每个自然段落标记主要含义。

3. 学生反馈

正文有哪些段落可以帮助小蝌蚪找到它们的妈妈？（学生在理解了总体思路后的反馈）

（三）学习课文，激起学生学习兴趣

1. 了解小蝌蚪的外观特征

（1）出示第一张图片，思考：小蝌蚪长什么样？它们是怎样游的？

（2）默读文本，用"_____"画出描写小蝌蚪外观特征的句子。

（3）一起阅读第1自然段。要读出快活的语气，指导学习生字"灰"。

过渡：

小蝌蚪无忧无虑的生活是多么幸福，但没有母亲，蝌蚪的生活好像有什么不足。它们多么渴望与妈妈同住！看，它们在讨论，想一起找到妈妈。它们寻找，寻找，最后找到了妈妈。原来小蝌蚪的妈妈是一只可爱的大青蛙。

2. 了解青蛙的外形特征

（1）出示课件，思考：小蝌蚪的妈妈青蛙是什么样的？

（2）出示句子，朗读指导，学习生字"披""鼓"。

（3）引导学生总结青蛙的特征。

老师：如果你现在是青蛙妈妈，你将如何自我介绍？

（四）指导写生字

（1）认真观察"有""在""什""么"这几个字，说明容易出错的笔画。

（2）老师范写新字，学生在书上描写。

（3）书写展示，集体评价。

第二课时

（一）温故知新

（1）出示读学过的生字卡片，指名认读。

（2）出示描写小蝌蚪和青蛙模样的句子，分组读。

（二）品读课文，理解感悟

1. 认识小蝌蚪成为青蛙的过程

（1）问题：在成长为青蛙的过程中，小蝌蚪的身体有几处变化？它是如何变化的？

请同学们默读课文第2～5自然段。阅读后，找出小蝌蚪在每个过程中发生变化的句子，用"_____"画出它们，并用序列号标记它们。

（2）学生分组交流。

（3）学生汇报时，老师在黑板上随机张贴图片。

（4）表演：让学生分组表演小蝌蚪，谈论它们的成长方式（在舞台上戴着头饰）。

2. 品读课文第2～5自然段

过渡：

小蝌蚪经过艰难的寻找终于找到了妈妈。在此期间，谁帮助了它们？（鲤鱼和乌龟）

老师贴图。

（1）阅读第2自然段。

课件出示句子：

"小蝌蚪游哇游，正好看见……"这时，它们会有什么想法？

于是，"就迎上去，问……"

理解"迎上去"的用法。出示画面，学生看图理解，然后用自己的话说一说，并让学生上台演一演，活跃课堂气氛。

指导朗读，读出小蝌蚪主动热情、有礼貌的口吻。（问题和答案在同一张桌子上，供老师和学生阅读）

小蝌蚪从鲤鱼妈妈那里听到了妈妈的样子是什么样的？

过渡：

用课文的意思：小蝌蚪告辞了鲤鱼妈妈和小鲤鱼，继续去寻找自己的妈妈。

（2）学习第3自然段。

指导学生大声朗读："它们游哇游，看见了……连忙……叫……"

为什么小蝌蚪会错认为乌龟是它们的妈妈？这时可以看出小蝌蚪怎样的心情？（火急）

你从文段中的哪些词看出小蝌蚪很火急？（连忙、追上去）

这里为什么不是用"迎上去"而是用"追上去"？学生各抒己见，发表自己的看法。

同样的方式：学生看图片并理解，用自己的话说，然后让学生上台表演生动的场景。

指导学生大声朗读，并读出小蝌蚪的热情。（组访问，教师和学生访问等）

这次，小蝌蚪没有找到它们的妈妈，但它们没有放弃，因为它们从乌龟那里了解到更多关于妈妈的外貌的信息，除了"四条腿，宽嘴巴"和……

过渡：

所以，"小不点们"充满信心，继续寻找自己心目中的妈妈。它们相信这次一定会找到自己的妈妈。

（3）学习第4自然段。

导读：出示："小蝌蚪游哇游，游到荷花旁边，看见荷叶上蹲着一只……"

这一次可不能大意了，要仔细看清楚，到底有没有像鲤鱼妈妈和乌龟说的那个样子，不能再认错了。

"它们仔细一看，那只大青蛙披着……"

一定是它们的母亲，所以它们急忙游过去，并确定地大喊……

此时，"小不点们"的心情如何？请根据你的感受阅读。

这次没有使用"打招呼"或"追逐"，但是为什么要使用"游过去"？学生们用自己的话说得很有兴趣。

再次让学生上讲台演一演这三种情况。

教师陈述：作者使用准确的字词，并告诉我们在以后的写作中向作者学习。只有这样，才能准确、生动地写出文章中的好句子。同时，我们也应该向"小不点们"学习。在实践中，我们继续发现、探索和坚持不懈，总有一天会成功的。

青蛙妈妈也很高兴看到她的小宝贝，微笑着说……

当小青蛙听到母亲的呼唤时会做什么？

全班一起读第4自然段最后一句话（引导学生读好"蹬、跳、蹦"，要体现青蛙的动作很灵敏），学生一边做动作，一边读一读。

（4）此时的小青蛙在做什么？要求学生找出相关的句子并阅读。

导语：小青蛙们都是人类的好朋友，是农民伯伯种的庄稼的守护者，让我们用赞赏的情感再去读一读吧。

3. 为青蛙朋友做些什么

为了让我们的青蛙朋友有个舒适、安全的环境，我们又能做些什么呢？

（三）总结全文

（1）我们学到了如此有趣的文字，你意识到了什么？

（2）以角色分组大声朗读文本。

（3）表演。

（4）指导写两个新字"变""条"。

（四）课外延伸

通过网络、图书馆、向大人提问等方法，收集积累知识：青蛙一年能吃多少害虫？为什么青蛙会成为捕捉害虫的专家和人类的好朋友？

根据二年级学生的特点，结合班级学生的情况，使用思维导图（见图11-1），让使学生了解小蝌蚪成长的过程。

小蝌蚪　　　　　长出后腿　　　　　长出前腿

青蛙　　　　　　尾巴变短

图11-1 《小蝌蚪找妈妈》思维导图

二、进行合理的分组以提高说话和思考的能力

在当前的小学语言教学中，团体合作学习是一般的授课方法。在传统的教学模式中，教师是教学的主体。在大多数教学中，学生来听老师讲课，表达的机会很少，这对培养学生的口头表达能力非常不利。通过团体合作学习模式，可以在小组内锻炼学生的会话能力。在实际教学过程中，教师应明确教学目标，以便学生在讨论过程中有明确的方向。经过一定的培训，学生就可以在日常教学中利用小组讨论来表达自己的想法，学生的语言表达能力会逐渐得到发展。

小组合作使每个学生都有机会表达自己的想法，也有机会听取他人的想法。在小组的学习过程中，每个孩子都能够勇于发言、乐于发言。经过一段时间，老师会逐渐发现，曾经不喜欢在教室里谈话的学生变得非常热情。过去安静的学生会逐渐适应小组讨论并和其他学生一起努力。小组合作学习可以更好地培养学生的口头交流能力，在小组平等的讨论环境中，学生也可以更自然地表达内心的想法而不再受外部限制的束缚，让学生的内心充满了主动学习的兴奋，使学生口语交际能力的培养取得事半功倍的效果。

案例：

《掌声》教学过程设计

（一）导入

今天，同学们做得很好。我们应该如何称赞自己？昨天全班同学都取得了很好的成绩，你们应该如何称赞自己？贴纸：掌声。

（二）回顾课文

听正文范读，你们也可以小声跟进，回顾全文。

（三）感受小英性格感情的变化，学习重点部分和重点语句

（1）请轻松阅读描写小英感情、心理变化的文段。

（2）反馈提炼、学习关键语句。

同学们，你们刚才非常仔细地阅读了课文，请站起来阅读你画的句子。

句子1：

"在我上小学的时候，班里……她总是默默地坐在教室的一角，因为小时候生病……她不愿意让人看到她走路的样子。"

（1）指定阅读句子。

（2）谈谈你对这句话的理解。

（3）"总是"表明小英是偶尔还是经常坐在教室的一角？

（4）"沉默"是什么意思？（小英不喜欢说话。小英为什么不喜欢说话？自卑感）

（5）为什么她觉得自卑？（因为她小时候生病，导致腿脚落了残疾，害怕被人取笑）

句子2：

"轮到小英的时候，全班同学的目光……小英……"

（1）为什么她低着头？（害怕：害怕丑陋，害怕外表……）

（2）为什么她认为登上讲台丑陋且不美观？（显示：她不愿意，她的腿被"禁用"了。因此，当时她非常自卑）

（3）转场：她愿意参加这样的演讲吗？（不愿意）你怎么知道？默默地自由阅读文本并找出答案。点名回答。

句子3：

"小英犹豫了一会儿，最后慢吞吞地站了起来。我们注意到，小英的眼圈儿红了。"

（1）从这句话中哪些字词可以看出小英不愿意参加演讲？用线画出来。（重点：犹豫，慢吞吞，眼圈儿红了）

（2）理解：不愿解释的小英，决定站起来时的心理状态是怎样的？

（3）"慢吞吞"是什么意思？（这意味着心理是非常矛盾的，但仍然鼓起勇气）

（4）"眼圈儿红了"说明小英此时的感觉如何？（紧张、害怕、担心……）

（5）指导朗读。

过渡：

小英面对同学时第一次感到紧张。面对小英的紧张、犹豫、担忧和恐惧，同学们是如何做的？请找出相关的句子。

句子4：

"小英在大家的注视下，终于……就在小英刚刚站定的那一刻，不知……小英感动得流下了眼泪。"

（1）她是如何面对如此多的眼睛登上讲台的？（一摇一晃）

（2）有人看到她走路时她会有什么感觉？她曾经是……她目前最需要什么？（大家的鼓励）

（3）现在，小英站着不动，怎么了？（显示句子并齐读："不知是在谁的带动下，骤然间响起了一阵掌声。那掌声热烈、持久。"）

（4）这时，如果你是小英的同学，你想对小英说些什么？（不要担心，我们会为你提供帮助。小英，你真棒。我相信你会尽力而为……）

因此，当一个人陷入困境时，最需要什么？（掌声）

小英在掌声的鼓励下，此时的表现如何？（感动得流泪）

（5）小英为什么感动得流泪了？（以前她担心同学们会取笑她，但是现在同学们不仅不嘲笑她，还鼓励她，并给她鼓掌）

句子5：

"当她结束演讲的时候，班里又响起了经久不息的掌声。"

上次的鼓掌是对小英的鼓励，这次的鼓掌有什么意义？

"小英向大家深深地鞠了一躬，然后，在同学们的掌声里微笑着走下讲台。"

（1）为什么小英向所有人鞠躬？（非常感谢大家的关心和鼓励）

（2）能告诉我们小英现在的心情如何吗？（快乐、自信）

过渡：

这次演讲后小英有什么变化呢？

句子6：

"她不再忧郁了，开始和同学……"

（她通过自己的勇敢、不服输的精神战胜了以前软弱的自己，同时也克服了一直困扰自己的自卑心理，终于毫不犹豫地鼓起生活的勇气）

指导孩子们一边看图，一边体会：

之前的她是那么的软弱、那么的不自信，现在是什么原因使她突然变得乐观、自信了？下面我们来看看。

（教师提前准备好掌声的录音）多媒体出示——是"掌声"。

句子7：

"是啊，人人都需要掌声，特别是当一个人身处困境的时候。让我们珍惜别人的掌声，同时，也不要忘记把自己的掌声献给别人。"

这里的"掌声"是否仅仅表示掌声，它还包括什么？（鼓励、关怀、支持、帮助）

（四）指导性总结

人们需要鼓掌，都渴望得到别人的鼓掌。特别是一个人在遇到自己无法解决的困难的时候，就更需要得到别人的掌声来鼓励自己。请大家珍惜别人的掌声。同时也不要忘记把自己的掌声献给需要得到掌声的人。老师建议：这时候，我们懂得掌声的意义的时候，请把我们最热烈的掌声送给此时此刻我们班上最亲爱的同学，愿同学们在得到鼓励、肯定的掌声中不断快乐成长！

根据三年级学生的特点，结合班上学生的情况，使用以下简单的思维导图（见图11-2）。

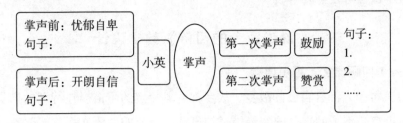

图11-2　《掌声》的思维导图

三、阅读积累促会说

期望拥有良好口头表达能力的人必须具有扎实的语文基础和语言基础，这有助于他们更好地进行口头表达。大多数学生在口头表达过程中无法使用适当的字词或有效地组织思维，这是缺乏相应语言基础的表现。解决方案是阅读能力的培养。语言和古典汉语是口头表达的基础，只有通过大量阅读和积累大量词汇和句子，才能在表达过程中更具体地表达自己想要表达的东西。在日常的语文教学过程中，为了提高学生的口语表达能力，相应的课外阅读必不可少。在为学生选择课外阅读材料时，如果他们与不同年级的学生一起阅读，则为其选择一些百科全书知识或童话故事，而不适合阅读经典著作。另外，在阅读过程中，还应要求学生做相应的阅读笔记，摘录阅读过程中遇到的好字词和句子，有效地提高平时的语言能力。从长远来看，它将大大提高学生的口头交流能力。

案例：在讲《说说家乡的习俗》时，人们都知道，民族风俗不单表现出一个民族的悠久历史，而且更表现出一个民族强大的民俗文化的丰富底蕴。在一个民族灿烂的、强大的文化中，流传在民间的文化是不可忽视的，它是一个民族历史的重要组成部分和见证。我之所以安排这次语言训练，不是为了让课堂活跃，而是让学生联系自己的生活实际进行社会调查访问，让他们继续感受和吸收我们伟大祖国的民俗文化中蕴含的智慧和营养。这次语言训练选择的内容很丰富，可以是家乡的节日，也可以是故乡有特色的服装、有特色的饮食、有特色的民居和独一无二的民间工艺品等。因此，这次课程的口才训练主要是引导学生介绍故乡的民俗。课前任务主要包括：①上课前让学生做准备；②让学生向父母或长辈打听当地的风俗习惯；③教师准备相关材料。

教学过程与教学策略如下。

《说说家乡的习俗》教学设计

（一）回顾课文，揭示课题

（1）每个人都有自己的故乡，故乡都有着特定的习俗。在特别的日子里，我们一定有忘不了的自己曾经经历过的事情。今天的"语文百花园"给了你们一个尽情写自己想说的话的机会，迅速展示自己的才华吧！

① 同学们，你们还记得那天假期吗？（端午节）谁来谈谈端午节该怎么过？

② 看图片猜猜习俗。（在介绍时，老师亲自操作并张贴了"福"字，张贴了对联，并在张贴时进行介绍）

是的，中国古代民俗历史悠久，民俗文化丰富多彩。五千年的历史创造了各种独特的民俗，而且民风民俗具有很强的地域性，也就是具有很明显的地方特色。"十里不同风，百里不同俗"，你家乡的习俗是什么？它们的特殊含义是什么？

③ 在本课中，我们将讨论自己家乡的习俗。

（贴纸板主题："家乡的习俗——说民风道民俗"）

（2）老师播放视频片段，以展示我们民族的典型习俗。

（二）说说对"习俗"这个词的理解

学习信息预设：可以解释语言，谈谈对习俗的认识、意义、看法等。

（1）正如名词所表达的，"风俗"是指民风和民俗。

（2）我们的习俗是经过收集、整理、筛选、吸收，丢掉落后、迷信，发扬优秀、先进、科学的内容，发扬民族传统文化，成为向外来游客展示本土形象的资源。

（3）习俗是我们在一个地域中的独特的生活方式、独特的风土人情。它不断展示着我们伟大祖国无限丰富的地方特色和民族文化生活。

（4）我国有着悠久的历史，无限广阔的地域，同时有着各地不一样的、丰富的习俗。

（5）习俗影响我们的生活……

（三）提供例子以激发沟通欲望

（1）我们这里有很多民俗，其中最具地方特色的有哪些呢？

（2）春节贴"福"字介绍：

我们乳源人每次过年都会在自己家的门上、墙上贴上"福"字。在每次过年贴春联的时候，都会想方设法在家门口和墙壁上贴上大大小小的、精致的"福"字。春节贴这些有选择性的"福"字，是我们中华民族流传下来的习俗。"福"字是指幸福和运气，它不仅寄托了人们对幸福生活的向往，还表达着人们对美好未来的祈祷。为了寄托憧憬和祈祷美好，有的人就在门上、墙上倒着贴"福"字，寓意着"幸福到来了""福气到来了"。为什么有这样的风俗呢？传说明太祖朱元璋当时要求每家每户贴"福"字，否则就要问罪。善良的马皇后为了避免灾祸，让各家各户必须在黎明之前在自己的家里贴上"福"字。马皇后的意思当然谁都不会反对，所以家里都贴着"福"字。里面有个不识字的家庭，把"福"字贴反了。第二天，皇帝派人去调查，知道了那家把"福"字贴反了，非常愤怒，他马上命令，要把贴着倒"福"的那家人全部杀掉。马皇后一看，觉得大事不妙，可又不敢明着反对他，怎么办呢？她灵机一动，于是就对朱元璋说："那个贴倒"福"的子民也是一片好心，那家人知道皇帝今天来此地巡视，其实是他们故意把'福'字倒着贴在门上和墙上的。这不正寓意着'福气到来了'的意思吗？"皇帝听了之后把命令取消了。从此以后，人们无论在过年还是在喜庆的日子里，总会把"福"字倒着贴，讨个吉利，纪念马皇后。

设计意图：以学生最熟悉的"福"字为例，逐步指导学生进行口语训练。由于大多数学生在这一领域都有生活经验，再加上生动逼真的描述，自然而然就形成了很强的感染力。因此，这样的设计不但可以调动学生内在的真实情感，而且可以激发他们强烈的语言表达欲望，同时也激发他们对口头交流的热情，从而使每个学生可以自由发挥，各抒己见，达到训练的目的。

（四）敞开孩子稚嫩的心扉，提高渴望沟通的能力

（1）除了贴"福"字，我们还有哪些其他民俗？展示自己收集的信息，并与同学交流（4人交流）。

①交流内容：交流阅读，网上搜索个人经历过的习俗（例如，春节，元宵节，端午节，七夕节，中秋节，重阳节等；服装，食品，住宅；民间手工艺品等）。

②沟通要求：认真听取别人介绍的民俗特点以及如何介绍。

提出有趣的问题，提出这些问题的学生应耐心回答；选择代表，介绍这个群体中最独特的民俗，讨论如何介绍可以打动整个班级。（例如，要善于整理和使用你手中的材料，要详细、生动和有趣，并且要清晰、有条理）

课件出示交流提示：

第一，你想向大家介绍什么内容，你是从哪里获得信息的？

第二，要介绍的民俗的主要特征很明确，也可以谈谈自己的感受。

第三，认真听取团队成员的故事，写下所有不清楚的问题并及时提问。

（2）每个小组选拔代表并准备参加全班交流。

设计意图：孩子们通过网络等方法收集到的有关习俗的材料是他们进行有效口语交际的基础，再加上老师之前指导他们把在课堂上收集到的材料统一进行整理和分类。有了这些硬件材料做后盾，孩子们才会在进行交际时真正感觉到好多材料，才会觉得有好多话可讲、有内容可说，孩子们面对面交流起来就不会死气沉沉，也就感到轻松自如了。口语交流是一种听力和口语技能训练的形式，即将"听""说"和"交流"结合为一体的训练。通过小组讨论和交流，培养了学生团结与合作的精神，使学生能够在不受约束的氛围中完成训练的内容和目标。

（五）畅所欲言，召开"民俗话语"会议

（1）每个小组选择代表参加"民俗话语"会议，以确定演讲顺序。

（2）阐明"民俗话语"会议的有关要求。

课件出示：

① 发言人应清楚说明其家乡的某些民俗风情。

② 演讲后回答学生的问题。

③ 感兴趣并了解一些民俗的学生可以随时添加。

（3）选拔最佳发言人：一起讨论哪个发言人介绍了最令人印象深刻的民俗。

评选标准：

① 态度大方，口齿清晰，耐心细致。

② 脉络清晰，民俗风情突出。

③ 使用了在本单元中学习到的一些表达方法。

（4）引导大家总结：

在这一课中，我们通过看图片、讲习俗和观看短片，不仅更加全面地了解了中国的共同习俗，而且在调查和研究中更好地了解了家乡的独特习俗。中国习俗源远流长，内涵十分丰富。将来，如果学生有机会更多地了解中国习俗和故乡习俗，他们可能会阅读更多的相关书籍。

设计意图：小学生具有强烈的表达欲望。通过举办这次会议比赛，为学生展现自己的表达欲望提供空间。再加上引导学生进行多轮交流，让学生说出自己想说的话，从而真正培养学生的口语交际能力。

（六）课外延伸

（1）课后百度"瑶族习俗"，去领略更多的民族习俗风情。

（2）和自己有相同兴趣的同学一起编写民风民俗的手抄报。

设计意图：这种练习从小型教室扩展到大型教室。口语交际必须取决于社会实践，并且在形成口头交流能力之后最终走向社会。在重视学生生活中知识的积累和运用的同时，应注意在未来的交流中灵活运用，更好地联系学生的生活，拓展思想，体现口头交流的"活"和"务"的特点。通过编写手抄报，他们不仅创造了更多的口头交流机会，而且树立了团结与合作的精神。

根据学生的特点，结合孩子们在课堂上的情况，使用思维导图让学生讲清楚（见图11-3），利用思维导图可以让孩子们很直观地去梳理文章的结构和了解文章的含义，让孩子们在任务中轻松、自然地自发学习，达到举一反三的效果。

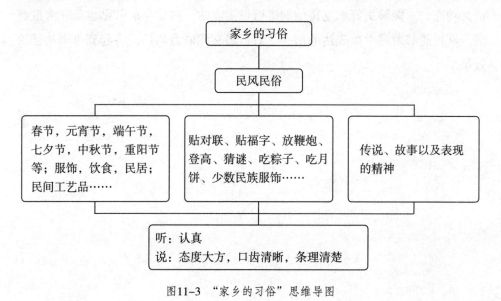

图11-3　"家乡的习俗"思维导图

第四节　鼓励，增强思维表达的自信

　　小学语文教学要符合学生的学习天性。学生都希望听到老师的表扬和鼓励，这样对他们学习有着很大的帮助。鼓励也是一个重要的教学手段，适当的鼓励能够让学生重拾学习的信心。在进行口语训练教学的过程中，更要适时地对学生进行鼓励。对口语表达能力好的学生，老师给予相应的鼓励，让学生更有信心进行下一步的学习；对口语表达能力相对较弱的学生，老师也要给予相应的鼓励，使学生重拾信心，更加有自信地进行口语表达。所以在日常的语文教学过程中，老师要注重对学生进行鼓励，增强学生的表达信心，进一步提高学生的语文综合素养。

　　总而言之，在小学语文教学过程中，想有效提高学生的口语表达能力，就要对教学方法进行相应的改进，营造一个良好的学习氛围，让学生真正参与到课堂活动中。还要注重对学生平时阅读能力的培养，让学生有一个相对深厚的语文功底，才能够更好地支持他们进行口语表达。对学生的鼓励也是非常重要的，这样能够增强学生表达的信心，对口语交际能力的训练将起到事半功倍的效果。

第十二章 思维导图让思维绽放

提倡素质教育已经多年，天天讲课堂改革，打造各种各样的语文课堂模式，可为什么课堂阅读教学还一直处于一种低效率状态？究其原因是学生只是被动地阅读，而没有从真正意义上进行阅读。因为现在的课堂阅读教学一直处于一种封闭状态，所以学生没有真正意义上的阅读，而是被动地接受老师或教参对文章的解读。学生读得少，看得不够，感性认知无从积累。没有大量感性材料的积累，没有对文学、对语言文字的大量接触和深刻感悟，阅读能力怎么会形成呢？写作能力如何提高？如何改变这种现状呢？随着现代教育改革不断推进以及培养语文核心素养这一要求的提出，教改又掀起新的高潮。培养学生语文核心素养这一要求的提出为教育改革指明了新的方向。当前小学语文教学活动的开展，要以核心素养的培养为指导，采取现代化教学手段，提升语文教学质量，促进学生有效发展。

思维能力是小学生语文核心素养的重要组成部分。图像化思维就是把思考的轨迹画出来，直观形象化，很适合培养小学生的思维能力。以课文为例，学习绘制思维导图，明晰对文本的整体构建，培养学生阅读力；借助思维导图，打通读写结合，进行仿写训练；自觉运用思维导图，养成先思维后写作的习惯，培养写作能力。在此背景下，我尝试利用思维导图组织小学语文教学活动，借此促进学生的语言构建与运用，提升小学生语文思维能力发展。

第一节　语文核心素养与思维导图

　　培养学生的语文核心素养是我国当前教育改革的核心。新语文课程标准中明确指出，在开展语文教学活动时，教师要精心设计教学环节，采取多样化的教学方法，对学生的语言的建构与运用、思维的发展与提升、审美的鉴赏与创造、文化的传承与理解这四个思维的核心素养内容进行培养。而小学重在引导学生正确理解与运用语言文字，在传授知识的过程中加强语文实践教学和技能训练，以提升学生的思维能力。从这些要求可以看出，语文核心素养四个维度的内容是缺一不可的。其中，语言的建构与运用是语文核心素养培养的基础，而思维的发展与提升则同语言的建构与运用是密不可分的，其应当成为语文教学的重中之重。基于这样的原因，在小学语文教学活动中，我尝试将思维导图与语文素养的培养作为教学的重点，借此培养学生的语文核心素养。

一、思维导图的含义

1. 什么是思维导图

　　思维导图是英国著名心理学家托尼·巴赞在20世纪70年代提出的一种思维整合和筛选的科学方法，是人们将某一领域内的知识元素依其内在关联建立起来的一种可视化语义网络。思维导图最突出的特点在于模仿人类大脑思维的过程，把抽象繁杂的知识内容根据大脑的思维过程以图表的形式展现出来，使人们通过这种图表轻松理解和掌握关键内容。

2. 为什么选择思维导图

　　思维导图目前也许对很多一线教育工作者来说还很陌生。其实这个概念早在20世纪80年代就已被传入中国内地了。它又叫"心智导图"，是表达发散性思维的有效图形思维工具，简单却又很有效。它运用图文并重的技巧，把各级主题的关系用相互隶属与相关的层级图表现出来，把主题关键词与图像、颜色等建立记忆链接。思维导图充分运用左右脑的机能，利用记忆、阅读、思维的规律，协助人们在科学与艺术、逻辑与想象之间平衡发展，从而开启人类大脑的无限潜能。走在前沿的教师，已经开始尝试借助它来培养学生的多元发散思维，感觉成效明显。

　　案例：在小学语文阅读教学活动开展中应用思维导图，不仅可以引导学生将抽象复杂的语言文字内容整合到一个直观图像上，而且在大量的关键词和形象的图像的引导下，从中探寻到有价值的内容，从而帮助学生在大脑中建立一个完整的文本认知，提升孩子们的阅读理解水平。思维导图是利用大脑思维模式，借由图像、关键词、颜色等将想法变得可视化，是一种对发散思维的表达，如图12-1所示。

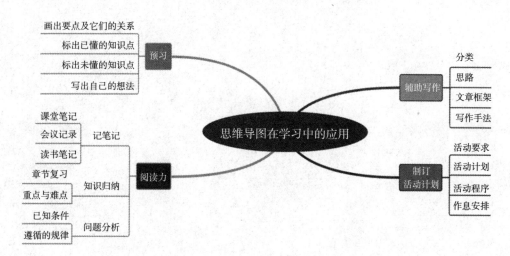

图12-1　阅读教学开展中的思维导图

　　学生在思维导图的引导下，通过线条、方块等图案，在看、读的过程中实现思维的发散，促进其思维的发展与提升，为其语文核心素养的早日养成打下坚实的基础。

二、思维导图与核心素养的整合

　　自英国著名心理学家托尼·巴赞在20世纪70年代提出一种思维整合和筛选的科学方法后，学习上便进行了一次彻底的革命。图像化思维尤其适合培养小学生的思维力，因为它很直观、显性化地呈现思维过程。图像化思维范围广，包含思维导图，就是用感性的文字形象与直观图示相结合的方式把思考的轨迹画出来。比如阅读时学习绘制导图的过程就是帮助学生完成文本的整体建构，在作文前运用思维导图明晰行文思路，提升了学生读写思维品质，促进了语言的发展。图12-1中的内容就是利用思维导图提升小学生语文核心素养的几点做法，可以促进小学语文思维能力发展。

第二节 借力思维导图，提高预习效果

课前预习是学生提高听课效果的重要环节。如何才能让学生们短时间内的预习达到较好的效果呢？可尝试指导学生运用思维导图进行预习。学生在预习新课内容时，可以采用思维导图的方式。在原有知识的基础上延伸出新的知识，这个时候，思维导图就能清晰地展现新旧知识间的关系，促进学生的有效学习。学习成绩好的学生的存在不是没有理由的，他们首先在学习上就懂得怎样快人一步，那就是用思维导图进行课前预习。

利用思维导图进行课前预习，实则是用思维导图引导学生上"读书"之钩。因为学生每新学一篇课文，都是各种课外知识的综合，都有课外阅读的机会。如果在学课文之前，学生能通过思维导图查找相关资料，多方阅读有关文章，对即将开始的学习内容进行整体感知，按照课本作者的思路提取纲要、画出思维导图，并且分出哪些内容自己已懂，哪些内容自己还不懂，找出学习的重点和难点，准备课堂上有针对性的听讲和提问，则在课堂上听课难度降低，自信心更足，学习效果更佳。

要借力思维导图提高预习效果，那么就要先学会绘制思维导图。下面就用详细的步骤教你怎样绘制一幅课前预习思维导图。

（1）在思维导图的中心确定好中心主题。

（2）第一分支：在没有看书时对预习问题的想法，目的是调查你的前概念，唤起你对学习主题的知识储备。

（3）第二分支：通过从头到尾阅读教材，对学习内容进行全面系统的了解，做到心中有数。明确教材的目的、任务、要求、重点和难点，抓住中心，用关键词画出整体框架，用容易辨识的符号标注。

（4）第三分支：找出新教材中自己不理解的问题，通过自学、思考把尚未解决的疑难问题找出来，再提出问题，看看有什么不懂的问题需要上课时重点解决。

（5）第四分支：自觉完成部分自选练习题，通过练习标出自己的思路还有哪些没有疏通之处，还应掌握哪些解题方法等，写出自己的想法，那么就可能画出预习思维导图（见图12-2）。

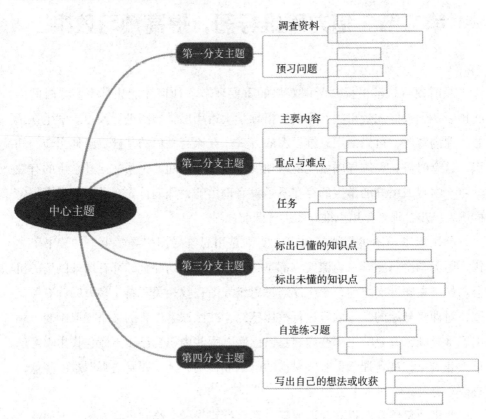

图12-2　预习思维导图

当然，用思维导图做预习很灵活，除了上图的绘制方法外，它的形式、架构等是多变的、丰富的，你可以根据课型、内容，用自己的方式方法灵活调整，使自己的思维导图具有个性化。

预习中应注意如下问题：

（1）预习不必全面铺开。只要选择几个自己有疑惑或自己最感兴趣的方面预习即可。前者是为了解决困惑，后者是为了加深对课文的了解，以求达到较高的学习目标。

（2）预习目标的确立、速度的选择、节奏的控制都要符合自己的实际，注意量力而行。要根据课文内容的难易，区分不同情况进行调节，不要平均使用力量，也不必要求通过课前预习就把所有的问题都弄懂，可留些疑问到课堂上解决。

因此，现在许多一线教师在课前都喜欢用思维导图激发鼓励学生阅读有关知识，并根据不同的教材抛出不同的"鱼饵"，当学生应用思维导图预习几回，尝到甜头后，就一定会持之以恒地坚持下去。如何用思维导图抛"饵"？这就要求教师有较深的文化底蕴，也需要艺术。

案例： 学习《卖火柴的小女孩》前提出预习问题："你们知不知道丹麦人称安徒生为什么？他有哪些故事？"让学生根据问题去查阅相关资料，然后用思维导图画出来。通过这样预习，鼓励学生读安徒生的寓言，读自己喜欢的故事，不仅丰富学生的阅读面，还激活学生读书的兴趣。又如学《长征》时，我布置了课前预习的思维导图：一是收集长征的相关背景资料；二是在预习课文的基础上，收集长征中的故事准备交流。在课堂上，学生通过思维导图展示了有关长征的图片、文字等，交流了十多个故事。这样的汇报课省去了教师烦琐的分析，学生既学得主动又开阔了视野，从而获得了丰富的课外知识。

可见，指导学生运用思维导图进行预习，不仅让学生在课内就有一个知识展示的机会，产生阅读的兴趣，而且把学习主动权还给学生，产生自主学习的欲望，不仅学生学得主动，而且阅读能力也会相应地得到促进。日积月累，学生阅读实践能力便能逐渐形成和发展。

第三节　巧用思维导图，提高阅读能力

　　小学生语文素养简单来讲可以概括为"听""说""读""写"，而其中核心素养所需要的四种能力，则表现为阅读理解力、语言表达力、思维发展力、文化感受力。这四种能力归根结底都将落脚在思维上，所以探索学生思维能力的提升空间显得尤为必要。想要提高学生的阅读力，需要追本溯源，从思维能力着手。

一、思维导图有利于学生对阅读内容建构清晰的脉络

　　由于小学生的年龄特点和认知水平的发展，使得小学生很难对阅读内容从整体上进行把握。如部编版教材四年级语文上册中第五单元的语文要素是"了解作者是怎样把事情写清楚的"。整个单元编排了《麻雀》《爬天都峰》两篇精读课文和《我家的杏熟了》《小木船》两篇习作例文。四篇课文都是以第一人称叙写的，所写的也都是作者生活中遇见或亲身经历的事情，生活气息较浓，易于学生学习。为了帮助学生梳理、总结、理解联系，我用思维导图将课文结构展示出来，如图12-3所示。

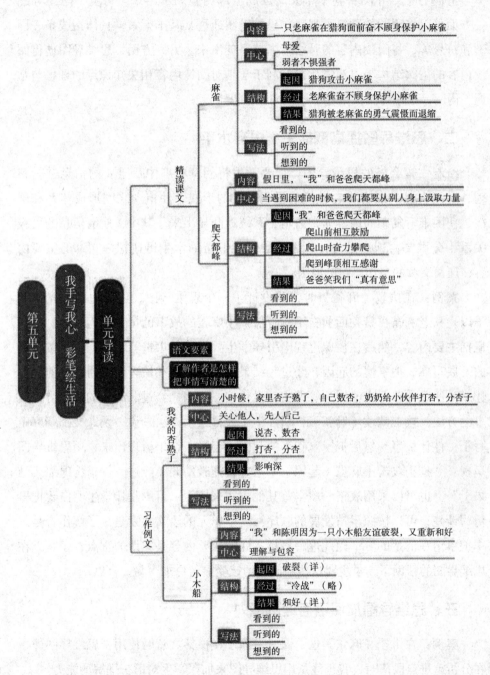

图12-3　第五单元"我手写我心　彩笔绘生活"单元导读的思维导图

上面的思维导图将整个单元阅读的全部内容展示出来。可见，思维导图一方面可以将阅读的脉络可视化。思维导图通过其基本元素，具体指线条、图形和符号等，将阅读内容的脉络清晰地呈现出来。另一方面，思维导图使得阅读内容的主次结构得以清晰化，有利于学生对阅读内容相关知识点的理解与掌握。同时，思维导图又培养了学生的抽象思维。

二、思维导图提高概括主要内容水平

绘制一幅合格的思维导图，需要学生将阅读材料中最重要的信息进行整理，并用自己的语言将它转换成系列图式的形式，使概念之间形成体系和层次，使困难、复杂的内容非常清晰、系统地凸显出来。其中，厘清信息的层级关系十分重要，这也是为什么思维导图能够帮助学生迅速把握文章的主要内容，厘清文章的写作思路的原因。

案例： 在执教《麻雀》时，我设计了一个思维导图，边讲边画，先让孩子以一只老麻雀在猎狗面前奋不顾身保护小麻雀的故事的情节线为线索，串联概括主要内容，然后在授课过程中引导学生要把一件事情写清楚，可以按事情的发展写事，把事情的起因、经过、结果交代清楚。在梳理课文内容之前，先让学生回顾《普罗米修斯》等课文，强化按照起因、经过、结果的顺序讲述故事的方法。接着默读《麻雀》，引导学生迁移运用方法，说一说课文围绕麻雀写了一件什么事。然后把《麻雀》的起因、经过、结果梳理出来，用思维导图呈现："猎狗攻击小麻雀（起因）—老麻雀拯救幼儿（经过）—猎狗退缩（结果）"。也可以采用表格、填空等其他方式来梳理。目的是让学生明白要把事情写清楚，可以按照事情发展的顺序写。本单元的语文要素是"了解作者是怎样把事情写清楚的"，因此理解概括本课的主要内容是本课的重点，于是，在思维导图的帮助下，学生对这些新内容的接受显得更加容易、自然。

三、思维导图加深语言理解能力

案例： 在讲授《麻雀》这一课时，除了在概括文意时使用了思维导图外，在分析重难点段落时，我也注意用思维导图来加深学生对语言理解的能力。

在学习《麻雀》第二课时，学生对课文的主要内容都有了基本的理解，但课文是怎样把事情发展过程中重要内容写清楚的呢？作者是怎样把这些印象深刻的部分写清楚的呢？如何突破这个教学重点和教学难点？我用思维导图带领学生抓住了看到的、听到的、想到的三个大点，每个大点下还有若干分支的分析，学生在听讲的过程中，随时可以根据自己的听课所得在思维导图上有所增补，也体现了课堂对学生个体化差异的尊重。学生要以从老麻雀和猎狗的动作，作者听到的声音，展开的联想等角度去发现。教师可以在充分尊重学生阅读感受的基础上，相继用思维导图梳理出作者的写作方法：把看到的写下来——抓住动作和姿态凸显老麻雀的奋不顾身、猎狗的攻击与退缩；把听到的写下来——通过嘶哑的声音传递老麻雀的愤怒与呐喊；把想到的写下来——揣摩猎狗和老麻雀当时的想法与感受。最后，师生可以一起归纳总结：写一件事，不仅可以写看到的，还可以把听到的和想到的写下来，这样才能清楚展现事情发展过程中的重要内容。这样，学生通过思维导图学习既能学习到本课知识，同时也提升了思维能力。在课后复习时，也能够根据思维导图，拎出本课重难点进行回顾，可谓一举多得。

四、思维导图有利于扩大学生阅读量

群文阅读是群文阅读教学的简称，是师生围绕着一个或多个议题对课堂教学内容进行重组，或对同类型的教学内容进行重新编排，而后师生围绕议题进行阅读。群文阅读对小学语文教学来说积极作用十分显著，而对其关键点进行精准把控也是至关重要的，这就需要从学生的阅读需求入手，对阅读教材进行具有针对性及适应性选择，这不仅是高效开展阅读教学活动的前提条件，更是基本保证。通过自主阅读，提高学生的独立阅读能力、思考能力，最终达到扩大阅读量的目标。

我认为，在大语文观的指导下，语文学习的外延和生活的外延是一致的。除了课堂教学，还应该有课外阅读、生活体验与感悟两个子系统。为了扩大学生的阅读量，教给学生阅读方法。我在语文教学过程中，紧扣学生语文综合素质发展这一总目标，在教学过程中对同类型的教学内容进行重新编排，将思维导图方式渗透应用到群文阅读教学中，用思维导图对知识树进行描绘，让学生对阅读文章进行对比研读，引导学生根据课文关键信息进行自主阅读学习，从而达到扩大阅读面的目的。

（1）同题材课文发散读。学习杜甫的《江畔独步寻花》，先用思维导图对全诗进行理解及整体归纳，再用思维导图归纳出叶绍翁的《游园不值》、贺知章的《咏柳》、郑振铎的《燕子》、朱自清的散文《春》等同类描写春天景色的名家名篇，指导学生继续学习，让学生从不同角度了解同一个景物的不同描写方法，从而更加精准地感受到诗人在创作时的精神，提高学生的语文素养。

（2）同结构课文迁移读。在学习《珍珠鸟》后，在掌握学法的基础上，利用思维导图促使课文整体形成结构框架，将课文思路清晰地呈现在学生眼前，引导学生逐步学会用思维导图理解课文的主旨、结构，便于学生今后用迁移读法去学习及理解其他文章。然后组织同结构课文《老人与海鸥》教学，让学生进行自读分析，从而达到了令人满意的效果。

（3）名著选编类扩展读。教材中有不少从文学名著中选编的课文，如《赤壁之战》《草船借箭》等，外国的有《老人与海》《鲁滨逊漂流记》等。在教学这类课文时，我利用思维导图将前瞻性课外阅读与鉴赏性课外阅读结合起来，让学生在课前围绕课文内容阅读有关书籍，查找相关资料，为课堂的深入学习打下基础。完成教学任务后，再让学生去欣赏原著，激发学生的阅读兴趣。

可见，将思维导图方式渗透应用到群文阅读教学中，以此为依托，不仅有利于学生对阅读文章进行对比研究，而且可以扩大学生的阅读量，还教给学生阅读方法。这对于提高学生的语文素养来说大有裨益。

总之，在阅读中用思维导图进行辅助学习，有助于学生建构阅读体系，将相关知识主动地嵌入学生的大脑中，以直观的形式克服学生头脑中原有阅读知识模糊不清的不足。学生通过自己动手制作，激活学生头脑中已有知识和经验进行相应扩展，运用思维导图的形式独立地进行阅读分析，有利于学生整体把握文章阅读的策略，加深对文章的剖析与理解，提高学生学习语文的能力，发展学生的自主学习能力。

第四节　运用思维导图，打通读写结合

我们的语文教材所选篇目都是一些具有典型意义或示范性的好文章，有不少还是节选自名家名篇。学好这些文章，对于引导学生理解生活，认识社会，激发情感，提高写作能力都有重要意义。在教学中注重读写训练，用思维导图来拓展学生的语文综合能力，进行人格完善的教育。

一、以课文的思维导图作为联结点

如用扇形图理出《海上日出》课文的思维导图，使学生知道了全文整体结构，了解用好比喻、拟人、排比等修辞方法才能把内容写具体、生动。接着借鉴整篇课文的框架进行仿写家乡的一处景物："我们的家乡是山城，开门见山，四周连绵不断的群山把我们紧紧环抱。那么我们的山上日出又会是怎样的景色？与海上日出又有何不同？请同学好好地观察，美美地写一写。"这不就是学别人的文章说自己的话吗？这就是所谓的"写是读的翻转"。

二、以课文的思维导图作为拓展点

如用表格理出《穷人》一课的思维导图，感受主人公悲惨命运后进行拓展，让学生续编故事结局，把自己对人物命运的同情表达出来。你觉得孩子醒来后会怎么样？渔夫和桑娜以后的日子会怎么样？还会遇见谁？会发生什么事？结果怎样？让学生用表格思维导图拓展出来，展开想象，运用发散性思维，续编有价值的故事。

可见，在阅读时引入思维导图来打通读写结合点至关重要。在阅读中帮助学生掌握作文方法，提供思维训练，优化教学策略，从而既增强阅读的兴趣和信心，又提高学生的习作能力，达到授人以渔的目的。

第五节　运用思维导图，提高写作能力

小学生的思维发展还不完善，从最初的造词、造句发展到习作，这对小学生的思维能力提出了更高的要求，小学生在习作练习中经常遇到各种问题，最后造成习作教学效率低下。面对这种情况，小学语文教师在习作教学中可以借助思维导图开展教学，培养学生的逻辑思维能力，提高学生的写作能力，使他们对习作练习充满兴趣，进而为之后更高层次的语文教学奠定基础，实现小学生综合素质的全面发展。

一、思维导图在小学语文习作教学中的作用

思维导图这种工具适应了小学生身心发展还不完善的特征。由于小学生的逻辑思维能力不足，在习作练习中困难重重，因此在小学语文习作教学中使用思维导图优势突出，主要表现在以下两个方面。

1. 思维导图有利于改善小学语文习作教学的效果

传统的小学语文习作教学中，语文教师教学方法单一，仅仅能够使用口头教学的方式使学生机械地听讲，但是习作内容注重逻辑思维且较为抽象，单纯的口头教学不能有效提高小学生的思维能力。在小学语文教学中使用思维导图可以激发教学活力，增强课堂气氛，使学生在形象的图文中学到写作的要素和层次，从而有效提高他们的写作水平，使教学质量不断提高。

2. 思维导图还可以提高小学生的自主学习能力

小学生在写作中最大的问题就是缺乏素材，层次结构缺乏逻辑性，而小学习作教学中的思维导图就是通过逻辑性的图表给学生展示写作要点，激发小学生的思维活力，使他们的写作能力显著提高，从而使他们对于习作练习的信心也随之提高，可以促进小学生自己主动学习作文写作，提高习作练习的自主性。

二、运用思维导图，寻找习作思路

虽然思维导图对于小学生习作能力的提高作用明显，但是小学语文习作教学需要科学合理地使用思维导图才能充分发挥出这种作用。在小学语文习作教学中，教师需要充分结合学生的认知特点以及习作教学的内容，探究思维导图的应用策略，实现教学效率的提升。

思维导图主要是通过图形的形式，促使学生思维发散、拓展，从而提升学生学习能力的一种学习方式。在新课改不断推进的情况下，小学作文教学要求教师不仅要提升学生的写作水平，还要开发学生的发散思维、增强学生的学习能力，而运用思维导图开展作文教学便可有效达到这一目标。那么，下面以部编版教材四年级语文上册第五单元习作"选一件你印象深的事，按一定的顺序把这件事情写清楚"为例，谈谈如何在小学语文作文教学中运用思维导图展开训练。

1. 初步绘图，厘清文章思路

教师在布置学生写作任务时，首先需要指导学生进行初步的思维导图绘制，即对写作主题的内容、结构、表达思想等进行全面分析，以增强学生对写作要求、目的的了解，从而使其大致了解写作的主要内容。这就可以结合课文，在思维导图的帮助下，让学生在课堂上自己思考和解决问题，逐渐培养思维方式。

四年级语文上册第五单元习作是"把一件事情写清楚"。于是我借助习作例文指导单元习作。首先提出习作任务，并提示学生可以写自己亲身经历的事，也可以写看到或听到的事，还列出了八个题目供学生参考，以帮助学生打开思路。其次通过多媒体设备播放例文《我家的杏熟了》和《小木船》的思维导图，呈现一个帮助学生梳理事情的起因、经过、结果的表格，实际上也是在帮助学生梳理思路，以便能按顺序把一件事写清楚。最后让学生自由绘制自己的写作思维导图，根据自己作文主题进行思维导图绘制，这样就可以有效地帮助学生厘清写作思路了。由于学生最初对思维导图并不十分了解，所以需要教师通过多媒体等手段向其展示一些相关图片，让学生进行模仿。因此，我根据第五单元作文要求出示一个思维导图，如图12–4所示。

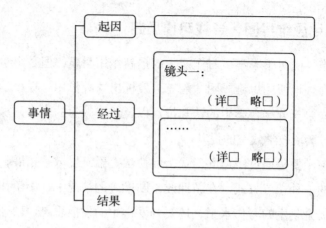

图12-4 作文思维导图

但需要注意的是，教师在指导学生进行思维导图绘制时，可通过其他图形、其他方法进行指导，不应限制学生的图形绘制形式和绘制方法，以确保学生的发散思维得到保护，使思维导图的效用得到真正发挥。

2. 添加细节，突出重点结构

在完成第一步写作思维导图的绘制基础上，学生继续创编自己的思维导图，那就是如何在重点镜头中添加细节以使重点突出、详略恰当。出示思维导图。如图12-5所示。

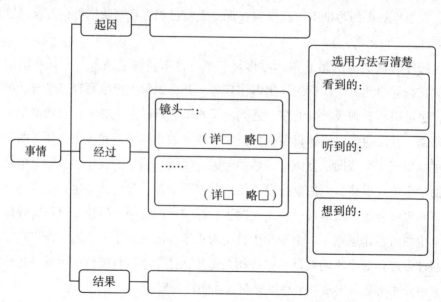

图12-5 作文思维导图

通过图12-5展示，引导学生对作文段落、作文例子、作文结构等细节内容进行分析，即在思维导图上对各项重点内容进行添枝加叶，如可以从看到的、听到的、想到的等不同角度写；抓住语言、动作、神态、心理等细节去写，以使写作材料更丰富，使文章内容更丰满。同时还应指导学生在思维导图上加强对写作重点内容的描绘和备注，以使学生写出的文章内容丰富、主题鲜明。

3. 完善结构，开始进行写作

完成第二步写作思维导图的绘制，即添加细节与突出重点后，最后是指导学生对所完成的思维导图结构进行梳理和完善，以使学生清晰明了写作的思路与方法。即是一个完整的习作思维结构，如图12-6所示。

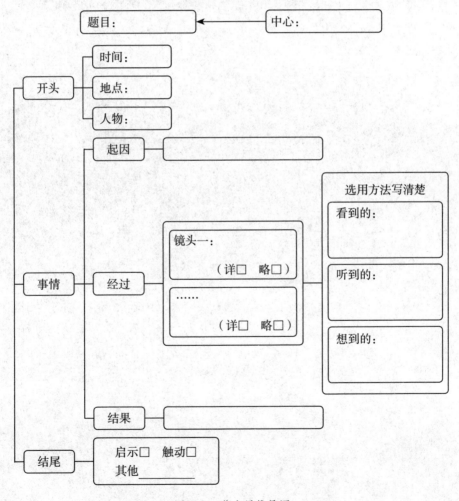

图12-6　作文思维导图

　　教师根据图12-6可指导学生运用发散思维，联想文章中需要运用到的名人名言、实例等内容，以及文章需要分为几个段落、重点内容需要在哪个段落凸显，并将其列出添加到思维导图中，以使学生写作思路更加清晰、表达思想更加简洁明了。之后，教师还应指导学生将完善的思维导图整洁、规范地誊写到另一张白纸上，将原本混乱的思维导图重新整理，使学生更清晰明了写作的整体内容。

　　总而言之，思维导图是一种有效的教学方法，在小学作文教学中进行运用，能够有效地增强学生的学习能力和写作能力。教师应积极开展思维导图教学，从而不断提升作文教学效率。

第六节 运用思维导图，优化习作评改

从前面内容中可知，在习作前辅导教学，运用思维导图梳理习作的取材，激发学生的习作构思，取得了较好的效果。思维导图是一种思维整合和筛选的科学方法，是一种可视化语义网络。习作评改教学借力思维导图，同样能大大激发学生修改习作的乐趣，有效提高学生的习作修改能力。

习作很重要，可是习作的评改对于教师和学生来讲都是一项艰巨的任务。在传统的作文评改中，往往是教师唱独角戏，用了大量的时间和精力去修改学生的作文，而学生却毫不领情，最深切的体会是：徒劳无功。《义务教育语文课程标准（2011年版）》指出："要引导学生通过自改和互改，取长补短，促进相互了解和合作，共同提高写作水平。"因此，作文评改不应该是教师一人唱独角戏，而应该让学生参与到评改中来，成为作文评改的主人。只有这样，作文评改才能扎实有效、事半功倍。近年来，我将思维导图引入小学作文评改教学中，极大地激发了学生的评改兴趣，提高了学生的评改能力，进而提高了学生的作文水平。

心理学家认为：成功是孩子向上的动力。因此，给予学生成功的喜悦，激励他们点滴的进步，这对激发学生对作文产生持久兴趣格外重要。因此我的作文课也由以传统的"作前指导"为核心的教学转向了以"作后讲评"为核心的"后作文教学"时代。

在学生作文评改时，运用思维导图，使学生进行可视化学习——直观导图表达信息。因此，教师可以先以思维导图的方式呈现评改的要求。我将习作评改方法以思维导图的形式呈现出来，如图12-7所示。

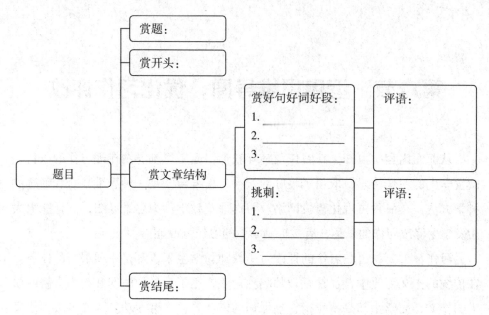

图12-7 习作评改思维导图

有了这张习作修改"全景图"，学生明确"怎么改"，这样一来，学生修改的思路就更清晰了，修改起来也就更容易了。然后，学生根据以上的思维导图模式进行自改互改为主的作文讲评课，其主要是以小组或团队的形式组织学生进行学习的一种模式，通常由组长、成员组成合作学习小组。在教学活动开始前，教师应要求小组在规定时间内完成任务，并深入各小组中，了解学习任务完成的情况。当小组学习遇到困难时，教师要鼓励小组间交流或提供建议。任务完成后，教师提供教学评价标准，让每个小组的作品都能够在全班中展示并进行评价。评价分三个环节进行：

第一个环节是欣赏。以欣赏句子、句群为主，尽可能多表扬、多挖掘。每个孩子都渴望得到大家的重视和赞赏，为了满足他们的心理需求，欣赏时，报出作者的姓名，可以自己谈、同学评、老师评，评精彩在哪里。每个人说话的方式都不一样，只要让他们用自己的话来说，他一定会有个性。

第二个环节是挑刺。以"病例集中"的方式出示，给他们带来视觉上和思想上的冲击，这就是集体授课制下的教学优势。

第三个环节是指导或训练。讲评课不只讲和评，还要指导。从他们写得好的地方延伸出来，或从他们写得不好的地方延伸出来。这样的"伤兵指导"，从他们的写作实际出发，从他们的最近发展区出发，从他们的学习伙伴中来，既要横向比较，又要注重纵向比较，让基础差的学生，在现状与过去的比较中看到自己的进步，树立起写作的信心；同时也让基础好的学生，感到要被别人超过的压力，促使他们不断提高。这就是"先写后教""以写定教"。

作文评价就是教师与学生之间最直接的一座桥梁。借助思维导图优化习作教学的实践让我感受到惊喜和变化。它帮助学生树立自信心，让他们不再感觉手中的笔是那样沉重，让他们时时有获得成功的喜悦，有写作的快乐。正如江苏省语文特级教师管建刚所说的："一次批改的终结不意味着一次写作的终结，而恰恰是下一次写作的蕴伏与发起。"所以作后讲评不是结束，而是切切实实让学生习作能力提升的最佳路径。

综上所述，在培养语文核心素养的背景下，我们可以立足小学语文教学的特点，运用不同的方式，将思维导图灵活地运用在预习、阅读和作文中，使学生在思维导图的引导下，其语言的构建与运用、思维发展与提升等各项相关的语文核心素养均得到提升。每一个思维导图犹如一朵智慧的思维之花，在为培养学生语文核心素养默默绽放，实在而有效地促进小学语文思维能力发展。

第十三章 识字教学中锤炼思维

对比传统的语文学习，识字教学可以开发学生的智力，同时也有利于培养学生学习的思维能力。汉字的特征包括形、音、义，教师合理利用汉字特征，可以正确引导学生的学习，进一步提高学生的学习效率。

人的思维可以将客观事物全面地反映出来，小学语文识字教学是非常重要的，有利于落实素质教育，可以提升学生的智能和综合素质。小学生虽已具备一定的母语能力和逻辑思维能力，但各方面能力还比较弱，所以落实小学语文识字教学需要发挥小学语文教师的引导作用，也可以利用环境和教学模式的促进作用。教师可以利用汉字构造规律开展小学语文识字教学，这样可以营造小学语文识字教学氛围，识字过程也变得更加活跃，提升学生的思维能力。

第一节　识字教学原则，培养学生的思维能力

一、激发小学生的识字兴趣

现代心理学认为，人处于良好的情绪状态时，注意力、观察力、记忆力、想象力和思维能力都会提高。激发小学生的识字兴趣，有利于保障小学语文识字教学的高效性。教师可以利用各种教学手段，结合相关材料和元素等，向小学生展示丰富多彩的图片，也可以配合优美的音乐丰富学生的感知。利用动画模拟和视频等方式，可以让学生更好地融入教学情境当中，激发学生的学习积极性，同时也可以利用游戏等方式集中学生的注意力，进一步深化小学语文识字教学。

1. 情境中激发思维兴趣

在小学语文识字教学过程中模拟情境，并且适当地结合写作教学、阅读教学等，这样有利于串联语文知识。学生在文章分析过程中，可以认识把握字形字义。在小学语文识字教学中，不能孤立地创设教学情境，教师可以利用音频、视频和图文素材的展示作用，让学生尝试直观接触，这样可以集中学生的注意力，保障小学语文识字教学的质量。

案例：在学习部编版小学一年级语文《秋天》这一课时，教师需要明确教学目标，以此为基础创设教学情境。在情境模拟当中，教师要引导学生熟练地朗读课文，结合拼音了解文章的内涵，感受文章描绘的秋景。教师可以利用多媒体技术，呈现课文中描绘的秋天景色，如蔚蓝的天空、飞翔的大雁、飘落的树叶等，让学生结合图片或者视频更加深入地理解课文内容，增强学生的认知体验，从而更好地融入小学语文识字教学中，不再认为识字学习活动非常枯燥。

小学语文利用艺术化方式呈现生活内容。在小学语文识字教学过程中，可以引导学生联系实际生活，保证学习情境的生活化。教师可以结合学生熟

悉的生活场景进行识字教学，避免学生对汉字产生陌生感，提高学生的学习积极性。

案例：在学习部编版小学语文《雪地里的小画家》这一课时，教师可以引导学生根据生活经验，尝试利用语言描绘不同动物的脚印，通过描绘帮助学生进入学习情境中，进一步融入小学语文识字教学中。在实际教学中，教师可以利用充满儿童化的语言创设教学情境，有意无意地把孩子们带入情境当中，让他们不知不觉就对汉字产生了兴趣。

以下是我在教学《秋天》这一课生字时，设计的教学情境。

师：同学们，现在是秋天，你看看农民伯伯在干什么呢？（出示农民收割稻谷的图片）

生：收稻谷。

师：我们去帮帮他们好不好？

生：好。

师：农民伯伯说，我们认识一个汉字就能帮他们割掉一束稻谷，现在开始了。

（出示一束束的稻谷，只要学生读对了稻谷上的汉字，稻谷就收放在谷仓里）

这样的教学情境既激发了学生学习的兴趣，也活跃了学生的思维。

2. 游戏中衍生识字思维

案例：在学习部编版小学一年级语文《升国旗》一课时，我设计了这样的游戏：把全班同学分成四组，每个组的同学以开火车的方式读生字，每读对一个，就能跳上一层楼；有提醒的、读错的就降一层楼。在这样的游戏中，孩子注意力高度集中，参与面广、兴趣浓，每个孩子在进行反复认读中很快就认识了这些汉字，本课的生字教学收到了良好的效果。

3. 巧用多媒体滋生识字思维

根据小学生的心理特点，他们对直观、形象的事物更感兴趣，也能加深他们的印象。所以在教学中，用好多媒体教学生字，能收到事半功倍的效果。部编版一年语文的很多汉字都是象形字，如果我们在多媒体中出示云、水、月亮等图片，让学生猜一猜哪个字是云，哪个字是水，哪个字是月，他们一下子就能认出来，减少他们在学习中的畏难情绪，并能体验到学习的快乐。

案例：以下是我在教学一年级语文上册《青蛙写诗》一课中"串"字的一个教学片段：

师：同学们，这是什么？（屏幕上出现两颗珠子）

生：珠子。

生：两颗珠子。

师：现在请同学们看看，这两颗珠子发生了什么变化？（屏幕出现用绳子串着的两颗珠子）

生：珠子被串起来了。

师：那还叫两颗珠子吗？

生：一串珠子。

师：这两个珠子被一条绳串起来，所以就说一串珠子。同学们看看"串"字和这串珠子有什么相同的地方？（出示"串"）

生：那两个口就像那两颗珠子，中间的一竖就像那条绳子。

师：你们真会观察。

师：现在记住这个字了吗？

学生看着多媒体的画面，进行直观学习，不但激发了学习兴趣，还活跃了思维。

二、降低小学语文识字教学难度

如果小学语文识字教学在小学生眼里是枯燥的、抽象的，那么就加大了小学语文识字教学的难度，因此小学语文教师要学会降低小学语文识字难度，不能强求学生死记硬背和反复抄写，这种教学方法只会适得其反。《义务教育语文课程标准（2011年版）》对低年级识字提出了这样的要求："让学生喜欢学习汉字，有主动识字的愿望，逐步形成识字能力，为自主识字、大量阅读打好基础。"教师要注重培养学生的思维能力，发挥学生的想象力，结合字形的特点，找到字和字支架的关联，这样就降低了小学语文识字难度，同时也有利于培养学生的思维能力。生字有很多是由两个字组成的，有很多是会意字，把握好会意字的教学是识字教学的捷径。

案例：我在教学一年级上册的识字单元中《日月明》时，教学情境设计如下。

师：这个"明"字由什么和什么组成?

生：由"日"和"月"组成。

师：在古时候，人们还没有发明电灯，在什么情况下才明亮呢?

生：白天有太阳，晚上有月亮。

师：对的。太阳和月亮让我们人间明亮起来，所以就有了这个汉字"明"。

师：我们继续发现，后面的"小土尘""小大尖"怎么说呢?

生：小小的土就是尘。

生：一头小，一头大就是尖。

师：孩子们真会学习。

……

通过这样教学会意字，大大降低了学习难度，增强了学生学习汉字的信心，培养了学生的思维能力。

汉字中，除了会意字能培养学生的思维能力外，还有独体字的教学和形声字的教学也能很好地培养学生的思维能力。例如在教学一年级语文上册语文园地七的"识字加油站"中，我让学生看看以下这些字有什么相同的地方：姐姐、妈妈、奶奶、妹妹。学生很快发现这些字都有一个共同的特点，那就是都是女字旁。提问："这些人都是女的还是男的?"学生很快反应过来："都是女的。"接着问："家里还有哪些人是女的?"学生说："姑姑、姨妈、婆婆……"

一个个汉字就这么被他们一一喊出来，兴奋无比。

所以，教师要引导学生自主探究汉字，在自主探究过程中，提高小学生的学习成就感，同时也可以感受到识字的乐趣，突出汉字的魅力，引导学生去了解中华文化，在这一过程中也锻炼了学生的思维能力。

第二节　语文识字策略与思维能力

一、结合汉字构造规律

小学语文识字教学应当力求提高学生思维的逻辑水平，引导学生深入思索汉字的特点。汉字构造具有规律性特征，小学生以形象思维为主，教师可以分析汉字组成特点，分析汉字的本质规律。在小学语文识字教学中，教师可以根据汉字的构成特点，联系学生的实际生活，保障小学语文识字教学的趣味性。教师可以结合实物进行教学，例如在学习"山"字时，教师可以向学生画出山的简笔画，发挥字形结合的效果。

案例：在学习部编版小学一年级语文《小小的船》这一课时，学习"月"和"船"的过程中，教师可以利用多媒体为学生播放浩瀚星空一轮月牙的视频，还有茫茫大海一艘小船的视频，突出汉字的象形特征，方便学生理解。此外，教师可以抓住机遇向学生拓展"舟"这个字的内涵，让学生明确"舟"实际上代表着船，帮助学生深刻理解"舟"字。也可以结合猜谜语的活动进行小学语文识字教学，很多谜语都是利用字形，例如"一加一 ——王""一百减一——白"这些都是利用字形来猜谜，学生在猜谜的过程中可以深刻地记忆这些谜语，同时也有利于培养学生的学习兴趣，有利于训练学生的思维能力。

二、归类记忆法锤炼识字思维

小学语文识字教学方法非常丰富，小学语文教师要注重结合学生的特点和能力选择有效的教学方法。如可以选择归类记忆法，这种方法有利于提升学生的分析能力和判断能力。另外，在小学语文识字教学中，教师可以选择形近字或者音相近的字实施类比教学，教师可以选择"明""朋"两个字，一个是日字旁，另一个是月字旁，教师可以引导学生联想有关这两个字的词语，感受到部首对于字的重要性。

　　案例：针对"跑""抱"两个字，一个为足字旁，另一个为提手旁，教师可以引导学生思考跑步需要用脚，而抱东西需要用手，因此二者的部首也具有一定的差异性。利用归类记忆法，可以引导学生从理性方面认识汉字，从而学会总结汉字的规律，这样可以帮助学生深层记忆汉字，熟练掌握汉字规律和字形字义，这有利于促进今后的学习。

第三节　生活中形成识字思维

在小学语文识字教学过程中利用趣味识字教学法，需要营造良好的教学氛围，帮助学生放松身心，使学生可以更加轻松地学习知识。营造教学氛围的时候，教师要根据学生的识字速度，提升小学语文识字教学的针对性。有针对性的教学可以保障小学语文识字教学质量，帮助学生更好地阅读和写作；教师也可以组织学生阅读，让学生通过阅读感受到小学语文识字教学的意义。

案例：在学习部编版小学一年级语文《咕咚》这一课时，教师可以让学生观察"咕咚"两个字的异同。这两个字都是"口"部首，并且都是拟声词，教师可以让学生思考，想一想类似的字还有哪些，表达的意义是否相同。在这种教学模式下，学生可以自主思考，再结合小学语文教学内容，可以保障学生的学习兴趣，同时也增强小学语文识字教学的趣味性。

语文知识和我们的生活具有密切的关系，学生学习语文知识不仅要掌握课堂中的知识，更重要的是要提升学习能力。利用趣味识字教学法，教师要结合学生的生活实践，简化小学语文识字教学过程，引导学生在生活中完成识字学习活动，教师可以让学生描述自己在生活中经常见到的物品，这样可以帮助学生积累字词，感受到语言知识和日常生活的关系。

第四节 思维导图助识字

思维导图是一种图文并茂的学习工具。在一年级上册语文教科书中，就有一个关于"车"字的思维导图。利用思维导图组词的形式识记"车"字，使得这个字很清晰地展现在学生面前。可见，思维导图对激发学生的思维有着重要作用。

在识记生字过程中，很多老师喜欢让学生抄抄写写，把学过的生字一个抄写一行，这是常用的手法。这种做法确实能让学生记住一些生字，但是，长此以往，学生会感到厌烦，不愿意接受这种机械式的学习方式。自从使用了思维导图进行识记生字后，学生特别愿意去做，他们会变着花样去做，交上来的作品别具一格。

案例：在教学一年级上册《雪地里的小画家》一课的生字时，我设计了这样的思维导图（见图13-1），让学生跟着老师的样子把生字写在横线上，写上汉字的读音、组词、形近字。

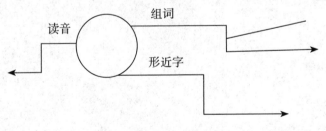

图13-1 汉字思维导图

利用这个思维导图进行偏旁归类识字也特别有效果。我让学生把学过的偏旁都写下来，再把带有这种偏旁的字也写下来。应用过这个思维导图后，发现学生的学习积极性很高，识字的效果也很好。后来，我鼓励学生自己去设计思维导图，有的学生进行同音字的归类，还有的学生对同一部首的字进行归类，比如木字旁的字，他们对果树、树的名称、用树木做的工具等进行归类，所设计的思维导图一目了然。我让他们交换着看，互相学习，这样大大地提高了他们的识字能力，也培养了他们的思维能力。

小学语文识字教学要注重培养学生的思维能力，学生具备思维能力，会产生学习积极性，将他们的想象力和创造力充分发挥出来，这对于其他学科的学习来说也具有重要的作用。小学语文识字教学要具备生动性和趣味性，这样才叫以集中学生的注意力，使其投入到识字学习当中。